新时代高校

"三全育人"理论与实践

黄婷婷 著

吉林大学出版社

·长春·

图书在版编目(CIP)数据

新时代高校"三全育人"理论与实践 / 黄婷婷著
. --长春:吉林大学出版社，2023.11
ISBN 978-7-5768-2610-4

Ⅰ. ①新… Ⅱ. ①黄… Ⅲ. ①高等学校－人才培养－
研究－中国 Ⅳ. ①G649.2

中国国家版本馆 CIP 数据核字(2023)第 214894 号

书　　名　新时代高校"三全育人"理论与实践
　　　　　　XINSHIDAI GAOXIAO SANQUANYUREN LILUN YU SHIJIAN

作　　者　黄婷婷
策划编辑　张维波
责任编辑　张维波
责任校对　王默涵
装帧设计　繁华教育
出版发行　吉林大学出版社
社　　址　长春市人民大街 4059 号
邮政编码　130021
发行电话　0431-89580028/29/21
网　　址　http://www.jlup.com.cn
电子邮箱　jldxcbs@sina.com
印　　刷　廊坊市广阳区九洲印刷厂
开　　本　787×1092　1/16
印　　张　12
字　　数　210 千字
版　　次　2023 年 11 月　第 1 版
印　　次　2024 年 1 月　第 1 次
书　　号　ISBN 978-7-5768-2610-4
定　　价　78.00 元

前　言

随着时代的不断发展,对教育提出了越来越高的要求。探索适应时代发展要求和学生成长发展的教育模式,已成为当今教育发展的必然需要。"三全育人"模式能够将育人理念和实践融入管理、教学和服务,实现学生的全面发展成长。良好的育人育才效果,对适应新时代教育要求具有重要意义。

高校"三全育人"的理念就是要全面提高和进一步深化对立德树人的特点和规律的认识。通过实践探索,构建具有学校特色的"三全育人"体系,落实高校人才培养根本任务,加强学校内涵建设,提高人才培养质量,融合人才培养。将大学生思想政治教育纳入人才培养的全过程。实现教育双主体化,推动思想政治工作创新发展,是我们面临的新任务。本书秉承"三全育人"的理念,既能对学校学生的全面发展起到重要作用,又能丰富和完善"十大育人体系"的内容,探索并形成高校大学生思政工作的创新工作平台。

《新时代高校"三全育人"理论与实践》从新时代高校"三全育人"的基本概念入手,从不同的角度对高校"三全育人"工作进行了分析和研究,主要内容包括:新时代高校"三全育人"理论基础、新时代"三全育人"的基本要素、新时代高校"三全育人"环境研究、新时代高校"三全育人"管理研究、新时代高校"三全育人"运行机制研究、新时代高校"三全育人"开展路径研究、新时代高校"三全育人"的实践探索与创新发展研究这几个方面。

在编写本书的过程中，参考了同行专家、学者的相关著作、论文，吸取了许多有益的成果，谨致诚挚的谢意。最后限于笔者水平有限，书中难免存在不足与疏漏之处，敬请同行专家、学者和广大读者批评指正。

作　者

2023 年 2 月

目 录

第一章

新时代高校"三全育人"概论

第一节 "三全育人"教育思想
的内涵与发展

"三全育人"所包含的内容特别广泛，其概念的提出和演变过程，都是随着社会的进步而不断更新和逐渐丰富的。

一、"三全育人"的内涵

"三全育人"并非只是一种教学观点或单一的教育策略，而是一套涵盖了所有环节及各个方面的完整且系统化的育人方法论和基本准则。虽然对于"三全育人"的具体定义各位学者尚未达成共识，但其解读都围绕这个主题展开的。因此，笔者旨在根据众多学者们的见解，明确"三全育人"的核心含义，从广义和狭义两方面来进行解析。从广义上讲，"三全育人"不单单只能与德育的指导思想划等号，也不局限于德育的内容范围内，从根本上来说，其是一种教育理念。但在教育领域，"三全育人"思想总是和德育联系到一起，运用在品德实践领域能达到一举两得的效果，而且其所包含的实质又与德育所要求的方向相符合。从狭义上讲，"三全育人"其实是从"全员""全过程""全方位"育人三方面来共同管理、联动协作，构建德育立体结构，调度德育领域中的各种力量，从而形成德育领域中强大的合力，发挥出德育的实际效用，其也属于德育里面的一个概念。

（一）全员育人

"全员育人"指的是人人育人，意味着每个人都应承担教育的职责，它主要关注于教师的责任感和对学生的培养态度，以确保他们能够充分发挥潜力并为学生提供优质的教育服务。通过明确各自的工作任务，互相支持与合作，建立起一种强有力的教育教学力量，从而构建出一整套完善且全面的学生思想道德教育系统及整体布局。此外，我们需要理解这里的"全员育人"是针对学校的所有教职工而言的。

（二）全程育人

"全程育人"主要是关注时间上的培育，即要求在大学生的整个学习与发展过程中实施全面的教育。为了解决大学生每个时期所遇到的具体问题，教育者需要根据学生的需求制定出从入学至毕业各个阶段思政教学的关键点及策略，以推动高校思政教育的进步。

（三）全方位育人

"全方位育人"要在促进学校学生全面发展的各个环节中体现出育人的重要性，也就是从空间层面要体现"三全育人"教育。"全方位育人"指的是在大学生生活和学习中的方方面面，在教学管理和服务中的方方面面都要把德育贯彻其中，德育方式既可以是有形的，也可以是无形的，同时需要教师把隐性德育与显性德育相结合，进而推动学生的全面成长，使他们养成优秀的个人修养和道德品质。

二、"三全育人"的组成要素

（一）人员要素——全员育人

人员要素主要指的是在人员方面进行整合，达到全员育人的效果。这代表了育人的主体既包括从事教育工作的人，也包括学生本人。既需要从事教育的工作者动员全部的育人力量去自发自觉地承担育人责任，又需要学生自己参与到育人的工作中去。育人理念从传统上讲，道德教育和思想政治教育是班主任、辅导员或思想政治课教师的职责，专业课老师只是负责教授专业知识。但现在的高校实现了育人工作主体的突破，将范围扩大到学校里面的领导干部和教职工团队身上。而且育人主体实现从只简单地教授知识为重点到以学生优秀思想品德的培养和人格的正确形成为重点的突破创新。全员育人需要每个人都要参与到育人工作中来并和外界进行交流，要实现教育者和学生之间的良性互动，就需要学校内所有的教职工甚至是家长、社会等力量的共同支持，产生自上而下的联动效应，这属于一种建立联系的开放式教育模式。同时全员育人的目标建立在学生平常生活与学习当中，与服务育人和管理育人的方法密不可分。育人的作用体现在学生上学期间管理服务人员对其的尊重与关心，让其的学习和生活需要更容易得到满足。

（二）时间要素——全过程育人

时间要素指的是全过程育人。联合国教科文组织在《学会生存：教育世界的今天和明天》中提出了发展终身教育的理念，这是教育史上具有历史意义的里程碑。同样，育人这一项工作不是简简单单就能实现的，而是需要长久坚持的，不仅需要历经很长的时间才能看到育人效果，而且需要学校里各种力量的参与和配合。此外，必须确保把对学生的育人工作不仅施行在学校课堂内，还要扩展至学校之外直至其离开校园为止，要不然只能变成一种形式和口号，无法达到真正育人的效果。"全过程育人"还体现出育人的长效性特点，作为"三全育人"的重要组成部分，整个教育过程主要是在时间上进行的。主要以大学生成长发展过程为主轴，贯穿大学生从入学到毕业的思想政治教育。这是迄今为止教育模式中时间因素的延伸，也包含了"三全育人"的长远内涵。此外，在全过程育人中，针对不同层次、不同身心发展阶段的学生通过调整相对应的教育方法及内容来实施有针对性的教育活动，进一步体现育人的连续性原则。

（三）空间要素——全方位育人

全方位育人强调的是育人的空间要素。指出的问题是育人工作必须要从不同的视角与层面入手，把学校育人的方方面面都涵盖在其中，并利用各种的方式与手段帮助每位学生掌握知识和技巧，进而提高学生应对社会的本领。全面提高大学生综合素质意味着要从多领域、全方位、多角度渗透社会主义核心价值观。在学校这个宽广的教育空间里面，把各种教育要素进行资源整合，如网络资源、实践活动、思想文化、管理服务、教育教学等，逐渐影响学生的品德。这是全方位育人实施的重点。学校的物质环境和精神文明对人的教育起着双重作用，学校基础设施、生活和学习场所、学术理念体系、科学研究和学术氛围、地方文化活动等都对学生有着潜移默化的影响。这种物质文化和精神文化的双重影响深深植根于所有教师和学生的行为中，是实现整体教育效果的关键因素。

（四）"三全育人"之间的关系

"三全育人"是一个有机统一体，不同要素之间的关系是相辅相成、不能缺少的，"三全育人"各部分都有其自身的特点，其主要支柱由全员育人、全过程育人和全方位育人构成。

（1）全员育人、全过程育人、全方位育人之间存在内在联系。以三维坐标图来看"三全育人"，其中全员育人是竖轴坐标，象征着多个不同的教育主体，全过程育人是纵轴坐标，代表教育要经过很长的时间跨度。全方位育人是这个三维空间的横轴坐标，代表教育的空间范围。虽然各要素有所不同，但"三全育人"的精髓在于立德树人。它们相互补充，相互吸收，发展成为一个宏观的三维体系。缺少任何一个要素，"三全育人"就难以为继。

（2）从不同的角度，突出"三全育人"的各个要素。全员育人从育人主体的角度出发，为育人实践和发展谋划队伍建设。教学团队的实力直接影响教学成果的质量。若是没有一支优秀的教育队伍发挥核心作用，再宏伟的教育目标也难以实现，再科学的教育规划也是徒劳。

育人全过程以育人的时间为中心。需要注意的是，思政教育并非一次性的任务，它渗透于学生的学习生活之中，逐步累积而成。因此，在此期间绝不可有丝毫松懈。此外，培育人才是一个持续且系统的项目。需密切观察各个时期的学生心理发展特征及规律，因为每个阶段的学生都有独特的思考模式与关注焦点。因此，根据这些差别来调整课程的内容并指导他们形成正确观念是必要的。与此同时，教育的重点应该落在育人的空间和范畴上，致力于塑造德、智、体、美、劳全面发展的大学生。我们深信，培育人才不仅限于传统的教导目标，即只教授专业的知识和优秀的品行，更重要的是，现代化的培育人才目标应当更为重视对学生个人性格和兴趣的发展，突破传统教育的局限，始终坚持以学生为中心。

育人主体具体应在哪些领域和范围开展育人工作，他们该如何利用适当的教育流程与策略等一系列问题，都属于全过程育人所必须解答的关键点。这些不仅是现代素质教育的核心任务及需求，同时也是对"以人为本"理念的具体实践。只有这样才能给予学生足够的空间去自我发展，让他们充分发挥自己的潜力，最终成长为既有职业能力又有道德品质的专业人才。

三、"三全育人"模式的基本理念

我们了解了"三全育人"模式的基本内涵后，有必要进一步探究其基本理念，才能全面、完整地理解"三全育人"模式的丰富内容。

（一）以"育人"为关键，注重融合

人是教育的出发点和落脚点。所以，"育人"应被视为道德教育系统的焦点。"三全育人"的模式主要是基于全体人员参与的育人、全程性的育人及全方位式的育人这三项元素构建而成。这些因素彼此关联且互补，共同构成了一个有生命力、结构清晰、协调一致并且完整统一的系统。"三全育人"不仅是德育模式的基础起点，同时也是其最终的目的所在，它位于整个道德教育体系的关键位置。"育人"在"三全育人"模式里起到了至关重要的作用。所有组成部分都以"育人"为中心，旨在服务于这一目标。他们的首要任务是尽可能充分利用现有的或者潜在的道德教育资源，将其有效结合在一起，以便更高效地达成"育人"的目标。如果

缺乏了"育人"这个重要环节，那"三全育人"模式将会失去方向与目标，丧失其存在的价值和建设意义。"育人"成功与否直接影响到"三全育人"的成效。"育人"对其的重要程度就如同经济发展对社会主义现代化的贡献一样。总而言之，"育人"是"三全育人"模式的主要关注点和实施基础。把"育人"作为核心，本质上是体现以人为本的理念。

（二）全员动员，齐心协力，形成育人合力

在目前的高等教育环境中，各种德育模式不断演变。这些都表明国内的德育研究正在展现出旺盛的生命力，推动着我国德育事业的不断发展。然而，我国德育实效性不足的问题依然存在。德育在各地开展的状况有好有坏，其中的原因复杂而综合，但德育未形成合力是最重要的因素。"三全育人"模式提出后，全面开展德育工作，形成了各部门、党委统一领导的新时代思想政治活动格局。人民教育形成强大的合力，是以往其他模式所不具备的。这既是"三全育人"德育模式的最大特点和亮点，也是其建设的价值所在。直到现在，我们一直有这样一种错误观念，认为德育只能由分管思想政治教育的教师来教，其他教师只要尽到教育职责就可以了。使用传统的灌输方法进行道德教育，学生被动地接受老师传授的规范和准则，可能使其产生反抗和反叛情绪，由此大大降低德育的效果。发展到今天，由于交通运输业的大规模扩张尤其是网络技术的快速进步，全球间的贸易往来越发紧密起来，人们的沟通变得更方便快捷，仿佛人们生活在一个超越国界的地球村里。在这里，信息的畅通消除了人们交流的障碍，但各种意识形态和文化的纷争也更加激烈。对新鲜事物敏感的大学生很容易受到大量未经过滤的信息的影响。因此，仅仅依靠思想政治教育教师单方面进行思想教育是是不够的。全体教职工要充分了解学生的思想特点，及时解决问题。全员育人，一方面可以激发教育工作者开展德育活动的积极性，另一方面，通过不同部门和德育工作者之间的职责分工和协作，教育工作者可以朝着同一个目标努力。携手立德树人，立德育人，提升德育实效。

（三）全程跟踪，上下衔接，把握育人重点

道德教育是一项塑造人心灵的伟大工程，其并不是一朝一夕就能实现的。一个受教育者，或者说一个受过教育的人，需要经过很长的时间，才能将教育者所传授的价值观和道德标准内化为受教育者自身的价值标准。道德教育的最终目标是使受教育者在行动中表现出内化的价值规范，形成良好的行为习惯，形成稳定

的品质。"三全育人"德育模式鲜明地突出了育人的全过程。通过对整个过程的跟进，把握大学生的习惯，注重有针对性的教育，既保证了充足的教学时间，又突出重点、突出目标，更好地度过过程中的转折点。大学生在成长过程中的这个转折点，如刚进入学校时的适应时期，或者刚离开学校时的择业时期等，会感到非常困惑和焦虑。如果教育不及时，一些学生很容易迷失方向，浪费宝贵的时间和精力，有的甚至因严重的心理压力而患上精神疾病。及时抓住教育要点，可以解放学生思想，让学习变得更轻松，体验学习的乐趣，从而促进学生的身心健康发展。

（四）全面发展，全面合作，促进健康成长

育人工作开展的第一步是清晰确立育人的主体，育人主体的确立，关系到德育目标的实现。人是德育的中心，进行德育教育的最后目标是为了促进人的健康、自由和全面发展，因此，德育的发展应围绕人的全面发展展开。提高人的综合素质，有计划、系统地将社会要求转化为受教育者的内在需要，促进受教育者身心发展。最终学生实现全面发展，也是素质教育的重要意义。新时代德育典范不能忽视时代和社会发展的需要。素质教育是我国教育史上一次革命性的变革，德育培养的能力必须符合素质教育的要求。"三全育人"德育模式以人的发展为中心，努力实现人的全面发展。通过不同方式和渠道调动全员参与德育工作，从德育工作的不同渠道入手，统筹开展德育工作。德育工作的目的是促进学生身心健康，提高学生的思想道德素质、科学文化素质、专业技能素质等，进一步促进学生学业水平和综合能力的提高。以健康和谐的方式发展他们的人格，从而促进其全面健康成长。

第二节 "三全育人"理念的形成与发展

"三全育人"理念既不是古老的传统理念，也不是借鉴国外的理论，而是我国政治、经济、教育发展到一定阶段的产物，是适应我国国情的独特教育理念。中国特色社会主义进入了新时代，"三全育人"理念也应该根据时代需要、人才发展需要、社会发展需要，不断成熟完善，"三全育人"实践的发展也要不断深化。

一、"三全育人"理念的形成

"三全育人"的历史发展轨迹反映了我国的政治、经济、教育和文化背景。"三全育人"理念的发展历程大致可分为五个历史时期。

（一）萌芽期（1949—1966 年）

教书育人，自古就有。韩愈曾说，"师者，所以传道授业解惑也"。强调了教师有责任解答学生的疑问。自我国开始建立学校以来，一直传承着教书育人的古老传统，根据新的历史形势赋予其新的内涵。"三全育人"的概念最早出现于中华人民共和国成立初期。当时，国家一穷二白，急需人力搞建设，尤其是高等教育人才。中共中央的主要领导意识到了优先发展高等教育的重要性和紧迫性，因此逐渐改变了我国原来的教育体制，并逐步建立起"文化教育是民族的、科学的、大众的"的教育理念。到 1950 年 8 月 2 日至 11 日，中国教育工会的第一次全国代表大会在北京召开。在与会者的一致主张下，明确提出了"以教书育人，以管理育人，以服务育人"的教育主张。这一口号的出台，是教育改革的历史性突破，是探索教育模式的新尝试。它比"教书育人"的理念更丰富、更全面。国家成立初期，在这一教育口号的指引下，培养了一大批人才参与国家建设。

（二）曲折与幻灭时期（1966—1977 年）

上世纪 60 年代到 70 年代，由于国家处于建设的曲折迷茫时期，我国的教育事业也处于迷茫之中，这一时期的教育事业基本停滞不前，学校和教育设施受到严重的破坏。在此期间，学校的办学一度中断，学校和教育设施遭到严重破坏。很多小学下放到农村，中学下放到公社办学。国家支持减弱，教学质量严重下降。这一阶段采取的精简课程、缩短学制、弱化考试、学工学农等政策措施，对教育产生了极大影响。这一时期，以阶级斗争为纲，"育人思想"也发生了很大的偏差。

（三）恢复并进一步探索时期（1978—1998 年）

党的十一届三中全会之后，我国教育工作者普遍提倡并恢复了以往的教书育人和教育方针的基本思想。同时，全党和整个社会上也开始逐步产生了"尊重知识、尊重人才"的观念。教育工作以恢复正规学历教育为重点，掀起补学历、补文化的热潮，加快扭转人才短缺和劳动力素质低下的局面。在 20 世纪 70 年代中后期，教育战线逐渐形成"教书育人、管理育人、服务育人"的共识。1982 年，中国共产党第十二次代表大会把优先发展高等教育作为实现二十多年来国民经济翻二番的主要保障，并开始逐步把优先发展高等教育置于社会主义事业建设的重要位置上。1983 年，党中央明确提出"教育要面向现代化、面向世界、面向未来"，为开辟中国特色社会主义教育发展道路奠定了重要基调。教育要培养"有思想、有道德、有文化、有纪律"的社会主义"四有新人"。党的十四大确定，我国经济体制改革的重点工作就是建立社会主义市场经济制度。随着经济、政治、文化体制改革的不断深入，必须建立适应经济社会发展要求的新体制。并在 1994 年召开的第二次中华人民共和国高等教育发展工作会议上，明确了在 2000 年基本普及九年义务教育、基本扫除青壮年文盲的国家任务，进一步加强了地方各级政府对义务教育和职业学校的监管。形成以国家财政投入为主、按高校总经费比例承担、多渠道筹集资助资金的新机制，逐步完善国家对贫困学生的补偿机制，引导社会各界资本捐款支持高等学校，鼓励引导社会企业组织投资办学，积极培育中外合资企业办学等。1996 年 10 月，也就是党的十四届六中全会之后，为进一步深入开展"三全育人"活动，大力推进教师队伍建设和精神文明建设，中国教育工会四届七次常委会决定在全国开展加强以师德建设为核心的"树师德形象、创文明校风、为实现跨世纪宏伟目标贡献力量"活动，使育人活动向新的深度和广度发展，举办了全国十佳"师德楷模"的评选活动，对社会主义教育战线精神文明事业的建设形成了良好的推动效应。[①]

（四）繁荣期（1999—2011 年）

上个世纪末，中共中央、国务院一致作出了《关于深化教育改革，全面推进素质教育的决定》。这是站在我国社会主义现代化发展的全局与战略的高度，对我国面向新世纪的高等学校改革和发展所作出的重要决定。全国教育工作会议上还提出，要着力培养学生的创新精神和实践意识，着力在思想道德、智育、身心成长的各方面，努力培养"有理想、有道德、有文化、有纪律"的新时代青年。这不仅为我国的教育工作指明了新的发展目标，即由应试教育向素质教育转变，而且同时对我国的教育改革也提出了新的需求。比如，提出"更新传统的教育观念，加深对学校教学任务的深刻理解""教学不仅传授学生书本知识，更培养学生的创新精神和实践能力""素质教育还应加强师德教育，提高教师的能力和水平是三全

---

① 王文学. 对素质教育中加强"三育人"工作的思考[J]. 中国冶金教育，2000(3)：14-16＋40.

育人工作新的工作内容"等要求。2004 年 8 月底,中共中央、国务院印发《关于进一步加强和改进大学生思想政治教育的意见》(以下简称中央 16 号文件),提出了进一步加强和改进大学生思想政治教育的指导思想和基本原则、主要任务和有效途径,提出了一系列新理念、新思路、新举措,像"坚持教育与育人相结合、坚持教育与管理相结合、教育与自我教育相结合"、深入开展"服务教育、管理教育"和"积极占领网络思想政治教育新阵地"等活动,促进大学生全面发展。中央16 号文件是新时代党中央、国务院关于加强和改进大学生思想政治教育的文件。它标志着党和政府在新的历史条件下对大学生思想政治教育的重要性和科学性有了更深的认识。2004 年 11 月底,广东省召开大学生思想政治教育工作座谈会,提出"牢固树立教书育人、育人为先、德智体美、德育先行"的理念,要求把思想政治教育工作贯穿到高校教学的全过程中,要做到全员育人、全过程育人、全方位育人。2005 年 1 月 17 日,全国加强和改进大学生思想政治教育工作会议召开。在这次大会中明确提出,"加强和改进大学生思想政治教育是一项涉及方方面面的系统工程""各个学校要努力形成党委统一领导,党政群团齐抓共管,全体教职员工全员育人,全方位育人,全过程育人的工作机制"。这是首次在工作会议上明晰"三全育人"的组成要素。

(五)成熟完善期(2012 年至今)

党的十八大后,我国进一步的明确了立德树人在开展高等学校管理工作中的重要地位和重要性,全面落实了立德树人这一根本任务,有效提高了学生的思想品德能力和综合文化素质水平,积极促进了学校的教育工作。2016 年,我国高校思想政治工作会议在京举行,会议着重确定了思想政治工作一定要贯彻高等教育的全过程,以开创我国高等教育发展新局面。学校思想政治工作涉及大学培养什么人、怎样培养人、为谁培养人的基本问题。要坚持以立德树人为中心,把思想政治工作贯穿教育教学全过程,实现育人全程、育人全方位,努力开创发展高等教育的新局面。2018 年 5 月,教育部办公厅印发《关于开展"三全育人"综合改革试点工作的通知》,决定委托部分省(自治区、直辖市)和大学(各院系)开展"三全育人"综合改革试点工作。经过报送单位推荐、专家评审遴选等,北京等五个省(区、市)、清华大学等十所大学、北京师范大学教育学院等五十所二级学院(系),开展了第一批"三全育人"综合改革试点。2019 年 1 月 2 日,教育部办公厅公布了第二批"三全育人"综合改革试点单位遴选结果。实施"三全育人"模式更加全面,根据新形势提出新举措,研究范围也更加广泛。2018 年 9 月,全国教育工作会议明确提出"思想政治教育工作是学校各项工作的生命线，各级党委各级教育主管部门和学校党组织必须牢牢把握这一点"。2019年3月18日，在北京召开学校思想政治座谈会，会议强调用新时代中国特色社会主义思想铸魂育人，贯彻党的教育方针，落实立德树人根本任务。以人为本，体现了党中央对于思想政治工作的高度重视。以党的十八大为契机，又一次强调立德树人、全民育人的根本任务，以及大学思想政治教育工作的重要性和紧迫性，将"三全育人"理念完美地融入其中，并通过试点单位的实践探索为引领，各省市和大学开展了"三全育人"的实践活动，是这一理念开始走向成熟和完善的标志。

二、"三全育人"理念的推进与落实

思想政治工作是中国高等学校的治学特色。思想政治工作是大学各项工作的生命线，也是领导好中国大学的优势所在。国家领导人高度重视教育工作，也特别关注大学思想政治工作。2016年以来，在全国教育大会、全国高校思想政治工作会议、学校思想政治理论课教师座谈会上，曾多次提到了落实立德树人的根本任务，并坚持社会主义的办学方向，加强党对教育工作的全面领导，提高学生思想政治素质，加强教师队伍建设，思想政治改革创新推进高校政治工作，培养德智体美劳全面发展的社会主义建设者和接班人。2016年12月，全国高校思想政治工作会议强调："要坚持以立德树人为中心，把思想政治工作贯穿教育教学全过程，做到全程育人、全方位育人，努力开创我国高等教育事业发展新局面。"这为加强和改进新时期高校思想政治工作提供了基本指导。深入学习"三全育人"的内涵，积极构建"三全育人"思想政治工作总体格局，对于实现立德树人根本任务具有重要意义。

2018年5月，教育部办公厅印发《关于开展"三全育人"综合改革试点工作的通知》（以下简称《通知》），全面开展"三全育人"综合改革试点工作。主要是从宏观、中观、微观三个方面，着力构建一体化育人体系。以新时代中国特色社会主义思想为指导，确立改革试点总体目标，坚持党的全面领导，以立人为本，充分发挥中国特色社会主义教育的办学优势，以理想信念教育为核心，引导以社会主义核心价值观为指导，切实提高育人工作的亲和力、针对性，夯实基础、突出重点、落实责任、一体化构建内容完善、标准健全、运行科学、保障有力、成效显著的高校思想政治工作体系，使思想政治工作体系贯通学科体系、教学体系、教材体系、管理体系，形成全员全过程全方位育人格局。以新思政观引领改革，构建一体化育人体系，打通育人"最后一公里"。主要任务是强化大学思想政治工作领导体制，完善大学思想政治工作统筹协调落实机制，创新大学思想政治工作实施体系，加大大学思想政治工作保障力度，改进大学思想政治工作评价管理规范。该通知以新时代中国特色社会主义思想为指引，全面贯彻落实全国大学思想政治工作会议精神，推动实施大学思想政治工作质量提升工程。《通知》要求坚持育人导向和问题导向，分类型开展"三全育人"综合改革试点工作，建设"三全育人"综合改革试点区、综合改革试点高校、综合改革试点院（系），按照"重点突破、标准引领、数量从严、质量从优"的原则，从工作基础、能力意向、条件保障等角度，通过专家论证和实地考察等方式，择优确定一批委托开展试点工作单位。在这一工作的推动下，学校内的思想政治工作呈现新气象，"三全育人"工作新格局逐步形成。为深入贯彻落实新时代中国特色社会主义思想，贯彻落实党的十九大和十九届二中、三中、四中全会精神和相关的教育重要论述，加快构建大学思想政治工作体系，努力培养担当民族复兴大任的时代新人，培养德智体美劳全面发展的社会主义建设者和接班人，2020年4月，教育部等部门印发《关于加快构建高校思想政治工作体系的意见》，从理论武装、学科教学、日常教育、管理服务、安全稳定、队伍建设、评估督导等七个方面，加快构建目标明确、内容完善、标准健全、运行科学、保障有力、成效显著的大学思想政治工作体系，推动形成"三全育人"工作格局。大学思政工作"三全育人"工作新格局逐步形成。十三五时期，全面实施大学思想政治工作质量提升工程，在8个省（区、市）、25所大学、92个院系开展"三全育人"综合改革试点。各省（区、市）、各大学在相关政策的引导下，组织开展"三全育人"改革试点，取得了杰出的成绩。2022年8月，教育部等十部门印发《印发全面推进"大思政课"建设的工作方案》，以此推动思政小课堂与社会大课堂相结合，推动各类课程与思政课同向同行，助推"三全育人"取得实效。

第三节　"三全育人"的特征与意义

　　"三全育人"的重点是"全"，核心是"育人"。借助时间、空间和育人领域的扩展与互补，打造出立体且全面的教育环境，目标是培育学生坚实的个性和优秀的品质。"三全育人"理念具有时代特征、发展特征和创新特征，有效促进了大学思想政治教育工作的开展和育人体系的完善。明确"三全育人"的特征和意义也是开展育人工作的前提。

一、"三全育人"的特征

在现代高校里面，"三全育人"是教育行动上的指南，同时作为一种教育理念存在于学校当中。"三全育人"在新时代中具有重要的意义和普遍性的理论特性，需要始终被高校理解并把握。此外，我们还需在观念塑造和策略实施上牢固地抓住"三全育人"的时代特质，全方位构建"三全育人"体系，打造出以新视角为基础的"三全育人"视阈下的学生培养模式。

（一）实践性："三全育人"是对高校育人现实问题的有力回应

在高等教育的育人过程中，仍然面临诸多实质性的挑战。这些挑战既包括观念层面，也涉及到具体操作层面；涵盖了教学策略及方法，还有制度体系。然而，最根本的是"围绕学生、关心学生、服务学生"这一育人理念并未得到充分重视。长久以来，高校的主要教育任务是由两个队伍组成——即学生思政工作者和马克思主义理论课程老师负责。而相对来说，其他的教职员工并没有明确的育人职责，也没有有效的方式去履行他们的育人义务，这就可能引发诸如"重教书，轻育人""重管理，轻育人""重智育，轻德育""重科研，轻育人"等问题。同时，在全过程全方位的育人这两个方面，因为太过倚重前述两个队伍，使得学校的教育资源配置、教学模式调整、教育认识提升、教育空间扩展等方面落后于人才培养的需求。另外，由于育人协作效果不足，缺少育人的平台和手段，高等教育的"三全育人"工作亟待从供给侧进行改革，以实现和需求侧相适应的发展。"三全育人"理念是解决上述实际问题的关键。新时代"三全育人"理念的核心价值是树立"人人育人、时时育人、处处育人"的教育能力，进而适应当前社会思想政治需求上的新变化。

（二）发展性："三全育人"内涵随着育人环境的改变不断丰富

在全球及本土形势的大幅转变，以及各种思想文化的互动与整合、社会价值观的变化等因素的影响之下，高等教育的培养模式也在经历着重大转型。在新时期，高校的育人方式变得愈发繁复且更具多样性，同时其范围也有了显著扩大。主要表现为：第一，关于全员育人，除专门负责育人工作的教职工外，校内其他教职工也将积极参与到这项工作中来，并学会积极调动社会各界人士参与、支持育人工作，在多方的协调努力下形成协作育人格局；第二在育人的全过程中，思想政治活动要向前传播，向后发展，教师不仅要在课堂上教育人，还要在全校教育学生，把这项工作贯穿于培养学生的全过程之中；第三，在全方位育人方面，人才培养的时间和空间不断拓展。"如何更好地育人"这个话题要聚焦线上线下、课堂内外、校内和校外。同样地，我们也需考虑在校外的场所开展相关的工作从而进一步提升整体的效果。

（三）创新性："三全育人"是新思政观引领下的高校思想政治工作改革

"思想政治工作绝不是单纯一条线的工作，而应该是全方位的，无处不在、无时不在的。"培养人才的过程要求全体人员共同努力，贯穿于整个流程中并深入到每一个环节之中。同时，我们还需要在新思政观指导下进行综合变革。我们应该基于对中国特色社会主义教育的理解，即它既包含了知识结构的教育也包括了意识形态的教育，坚定维护这两者之间的平衡关系，理性看待并且准确掌握思想政治工作的总体定位，优化各类教学资源以激励学生发展，将其视为学校的核心任务之一。各地区、各学校乃至各院系要从学生、学科、工作任务和职能等方面，围绕自身特点，创新"三全育人"发展路径和实施方式，突出重点，突出特征。[①]

二、"三全育人"的意义

实行"全员育人、全程育人、全方位育人"的德育机制，有利于充分发挥学校、家庭、社区的教育、管理和服务的作用，有利于学生的全面发展，综合素质的提高。"三全育人"的理念在学校里被视为一项富有创意和革新的工作体系。只有当它成功地将社会主义的核心价值观念融合到其中时，才能确保育人的原理已经能够深入大学的课程之中，从而实现它的稳固扎根与蓬勃生长。这不仅是我们全方位打造新型社会主义接班人的重要组成部分，也是体现学生道德修养和人格塑造内核需求的关键环节。这种做法顺应了人才发展的潮流，适应了思想政治教育的演变法则，对于全力构筑以德、智、体、美、劳为基础的综合化教育模式，建立更高级别的人才培养机制，强化党的全面指导作用，整合家庭、学校、政府和社会的责任，发挥着至关重要的作用。

首先，构建"三全育人"德育机制是培育学生品行并树立学生基本价值观的基础要素。青少年的发展决定了国家的未来，他们的强大代表着民族的力量。他们承担着推动中国走向繁荣昌盛的历史责任与任务。然而，尽管近些年很多高校都

---

① 王艳平，高校"三全育人"的特征及其实施路径[J]. 思想理论教育，2019(9)：103-106.

在致力于培养学生的个人发展及成就，但对于把学生放在核心位置的"三全育人"观念的重要性的认识仍有不足之处，校园中只注重传授知识而忽略学生性格养成的情况依然普遍存在，能真正做到"以人为本"的教育模式尚未完全确立。

其次，构建"三全育人"德育机制是我国对高校教育的策略调整的需求所在。自中国共产党第十八次全国代表大会以来，我国已经明确了培育技术性和高质量劳动者的重要性需求，"三全育人"的发展理念适应当前的高等教育教学方式转变的要求，有助于加速高校的现代化进程并提升教学品质，并为中华民族伟大复兴的中国梦和"第二个百年"奋斗目标提供了强大的人员支持与智慧贡献。

再次，构建"三全育人"的德育机制符合时代的期望与学生的个人发展需求。现代的青少年具备独特的社会属性与人文特性，他们不仅通过传统的书籍及课堂学习的方式获得信息并积累学识，也能够利用如微信公众号或社交媒体这样的新兴平台去吸收新知识，这些途径都影响着他们的认知。同时教师们的影响力也在逐渐减弱，校园已不是唯一的教学地点。世界观和社会价值观发展方向的变化，倘若个别学生的生活独立性和自我管理水平不足，自律意识不够强且内心恐惧感较大的话，可能导致在精神层面出现问题。

最后，构建"三全育人"德育机制是我国高校完成转型升级的重要基础因素之一。目前阶段，中国的院校不仅追求扩大其招生数量同时也在日益关注学生的技能发展及教职员工的专业素养提高。培育优秀人才已经成为学校的首要任务，这是一个复杂的过程，它要求动员并协调包括校园内外的各种资源，如校方自身、社会环境、家长群体还有学生们的力量来共同构建出一个合力，以此推动教育模式以达到最佳的育人效果。

"三全育人"是党和国家在新时代高等教育培养社会主义建设者和接班人的战略高度下提出的重要命题。"三全育人"是新时期高等教育的革新观念与实施方式，它不仅展示出党及政府对于教育核心价值及其运作法则的深层理解，同时也展现出了全方位的教育认知，这同时是对"培养什么人、怎样培养人、为谁培养人"这一教育根本问题的清晰解答，体现着高等教育中的道德修养和人格建设的需求，符合人才成长的发展方向，并顺应高校思想政治工作发展的进程。

第二章

新时代高校"三全育人"理论基础

当前，经济全球化、政治多极化、社会信息化、文化多样化在持续发展之中，世界正处于大发展、大变革、大适应的新的篇章之中，各个国家相互依存、相互联系，关系不断加深。人才成为时代的主题，教育的基础性、引领性、总体性的地位逐渐被确立。"三全育人"教育理念的确立就是坚持中国特色社会主义教育发展道路，在突出时代特征的基础之上坚持科学的发展方针，是对"立德树人"根本目标的有力回应。

第一节 "三全育人"的时代背景

中国特色社会主义进入新时代，我国社会的主要矛盾也发生了变化。大学作为社会子系统的其中一环，是社会矛盾发生变化时最敏感的"审查员"。面对新的社会重大矛盾，必须以马克思主义唯物辩证法为基本原则，依靠系统论和整体哲学世界观，积极应对新的社会矛盾。深入探讨和研究思想政治教育，从而化解具体矛盾，做好育人工作，为新时代青年学子提供"适销对路""雅俗共赏""灵验有用""立意深远"的思想政治教育产品。"三全育人"模式的立体化和灵活运用，反映了新时代人才培养的社会背景和需求。

一、中国特色社会主义进入新时代的机遇与挑战

当前，环顾全球，世界百年未有之大变局加速演进。从国际上看，和平、发展、合作、共赢的趋势已经形成。虽然各国在经济、政治、文化、军事领域的竞争越来越激烈，但从总体上来说，经济方面的全球化、政治方面的多极化、文化方面的多样化、社会方面的信息化都在深入发展，科技创新方面也在不断加速推进。国际力量之间的对比还是有利于维护世界和平的，不过目前也面临着世界经济复苏缓慢、金融危机的深层次影响无法彻底消除、一些发达国家经济增长速度乏力，贸易保护主义、民粹思想、孤立主义、逆全球化思潮抬头等问题。然而随着我国越来越接近世界舞台的中心，影响力、吸引力和国际塑造力日益增强，"树大招风"效应越来越明显，面临越来越大的外部战略阻力和遏制的压力。

从国内看，我国发生了一系列大而复杂的变化，经济发展已经进入新常态化，经济长期向好的基础没有发生变化，改革向好发展的势头没有发生变化，改善人民生活品质的动力没有发生变化，社会总体和谐稳定的局面也没有发生变化。同时，经济下行压力加大，我国发展长期面临的突出问题没有得到根本解

决，还出现了一些新情况新问题，其中产能过剩和需求结构调整是突出矛盾，经济领域增长不足，金融领域风险集中，困难增多，部分地区环境污染问题依然突出，还有部分地区的改革在攻坚克难的上升阶段，人民生产所面临的困难诸多，部分人民生活仍处于困境之中，推动我国经济社会持续健康发展的内外环境更加复杂，等等。

2017年，中国共产党第十九次全国代表大会指出："经过长期努力，中国特色社会主义进入了新时代，这是我国发展新的历史方位。""这个新时代，是承前启后、继往开来、在新的历史条件下继续夺取中国特色社会主义伟大胜利的时代，是决胜全面建成小康社会、进而全面建设社会主义现代化强国的时代，是全国各族人民团结奋斗、不断创造美好生活、逐步实现全体人民共同富裕的时代，是全体中华儿女勤力同心、奋力实现中华民族伟大复兴中国梦的时代，是我国日益走近世界舞台中央、不断为人类作出更大贡献的时代。""中国特色社会主义进入新时代，意味着近代以来久经磨难的中华民族迎来了从站起来、富起来到强起来的伟大飞跃，迎来了实现中华民族伟大复兴的光明前景；意味着科学社会主义在21世纪的中国焕发出强大生机活力，在世界上高高举起了中国特色社会主义伟大旗帜；意味着中国特色社会主义道路、理论、制度、文化不断发展，拓展了发展中国家走向现代化的途径，给世界上那些既希望加快发展又希望保持自身独立性的国家和民族提供了全新选择，为解决人类问题贡献了中国智慧和中国方案。"中国特色社会主义进入新时代，意味着中国面临更多的机遇与挑战，对人才也产生新的需求，社会、文化必然要面临新的变革，教育更是走在变革的前列。

二、建设教育强国的迫切需求

"教育兴则国家兴，教育强则国家强。"当今世界强国都是教育大国，在发展中，都非常重视学校教育的发展。教育在经济社会发展过程中也发挥着巨大的效用，社会主义现代化强国的建设与发展，既是近代以来中国人民和中华民族的梦想，也是中国共产党人不懈追求的目标。教育不仅是建设现代化强国的基础，也是现代化强国的重要组成部分。现代教育离不开现代事业的发展。我们要靠人才和教育的不断发展，才能实现中华民族伟大复兴的中国梦，才能实现社会主义现代化强国的建设。在进一步确定了方针之后我国高度重视教育事业的发展。科教兴国战略、人才强国战略、创新发展战略相继被提出并实施，这些战略都把重视教育的发展放在首位。并且从战略定位上，全力推动中国高等教育事业建设，全面推进中国高等教育改革，在建立全球规模最庞大的高等教育系统以后，使中国逐步步入高等教育大国的地位，既促进了中国由人口大国转向人力资源强国，也为中国的社会主义现代化国家建设提供了强大的人才、智力保障。为加速推动高等教育信息化、打造高等教育强国打下扎实的基础。

教育是一项面向未来的事业，其本质是培养人才。当代的学生是未来建设社会主义现代化国家、实现中华民族伟大复兴中国梦的主力军。教育在现代社会发展进程中具备基础性、战略性、综合性的特征，同时又有效益滞后、周期冗长的缺点。教育是实现民族复兴、社会进步、立国之本的重要基础，对于促进人的各方面发展、提高综合素质，增强中华民族的创新创造力，实现中华民族伟大复兴具有重要意义，是利当前、利未来的德治工程。根据我国的"两步走"战略，到2035年，把我国建设成为富强、民主、文明、和谐、美丽的社会主义现代化强国。为社会主义发展和中华民族伟大复兴展现出光明前景，指明了前进方向。随着时代的进步，更加突显了教育的地位和作用，也更加突显了知识和人才的重要性。为了中华民族的伟大复兴，也为了奋斗目标的实现，我们在历史上最好的发展时期里要更加注重教育，努力培养更多更好能够满足党、国家、人民、时代需要的人才。新使命和新要求的提出，迫切需要国家对加快推进现代化建设进行全面部署和战略设计。教育事业的发展和教育强国的建设，都要求国家要准确把握加快发展的着力点。

"教育是国之大计、党之大计"。加快推进教育强国建设，必须严格坚持党对教育工作的全面领导，优先发展教育是推动党的各项事业发展的重要先行方针。在党中央统一领导下，以教育强国重要部署为指引，深化教育改革创新，加快教育强国发展，开创教育强国新时代，为实现中华民族伟大复兴奠定基础。教育是一个复杂的系统，建设教育强国是一项复杂的系统工程。加快教育强国建设，必须找准重点，系统推进，着力发力。具体包括：着力提高人才培养质量，转变教育发展方式；着力提升教育体系，构建高层次人才培养体系；保证教育公平，促进教育均衡发展；着重抓好高水平师资队伍建设等步骤。

三、以立德树人为教育的根本任务

"大学之道，在明明德，在亲民，在止于至善"，这句跨越千古的启蒙教育格言，时至今日仍然提醒着世人。纵观古今，"德"始终是中华文化的核心，是培养人才的核心。立德树人，应该认为是中华民族永恒的文化价值追求，渊远流长，散发着积厚而又流光的幻彩。在2018年5月2日，北京大学师生座谈会指出："要把立德树人的成效作为检验学校一切工作的根本标准，真正做到以文化人、以德育人，不断提高学生思想水平、政治觉悟、道德品质、文化素养，做到明大德、守公德、严私德。要把立德树人内化到大学建设和管理各领域、各方面、各环节，做到以树人为核心，以立德为根本。""青年要努力成为有理想、有知识、有才华的实干家，在新时代有所作为。""我们要爱国，忠于祖国，忠于人民。""志存高远，做奋斗者"，"求真务实，求真求知，练真本事"，"苦练内功，知行合一，做实干家"。这些领导的重要的讲话，在要求我们在新时代牢牢抓住理想信念铸魂这个关键环节的同时，在教育工作中把握好"立德树人"这一根本性任务，并确定了我们今后发展的重要目标，在落实"立德树人"根本任务中强调要坚持"理想信念"这一灵魂。

自党的十八大提出"把立德树人作为教育的根本任务，培养德智体美全面发展的社会主义建设者和接班人"以来，坚持立德树人的根本任务，提出"理想指导人生方向，信念决定事业成败。没有理想信念，就会导致精神上的缺'钙'。""青年一代有理想、有担当，国家就有前途，民族就有希望，实现我们的发展目标就有源源不断的强大力量。""理想指引人生方向，信念决定事业成败。""把理想信念建立在理性认识科学理论、正确认识历史规律、准确把握基本国情的基础上，增强'四种意识'，增强'四种自信'，坚定不移地走中国特色社会主义道路。"等一系列新结论、新思想。在党的十九大报告中，中国共产党明确指出："要全面贯彻党的教育方针，落实立德树人根本任务，发展素质教育，推进教育公平，培养德智体美全面发展的社会主义建设者和接班人。"进一步明确和发展了"立德树人"的目标、任务与使命，强调"要以培养担当民族复兴大任的时代新人为着眼点"，要"加强马克思主义理论教育""广泛开展理想信念教育，深化中国特色社会主义和中国梦宣传教育，弘扬民族精神和时代精神""培育和践行社会主义核心价值观"，引导青年"有理想、有本领、有担当"，更好地"构筑中国精神、中国价值和中国力量"。党的二十大报告指出："教育、科技、人才是全面建设社会主义现代化国家的基础性、战略性支撑。必须坚持科技是第一生产力、人才是第一资源、创新是第一动力，深入实施科教兴国战略、人才强国战略、创新驱动发展战略，开辟发展新领域新赛道，不断塑造发展新动能新优势。"同时强调"我们要坚持教育优先发展、科技自立自强、人才引领驱动，加快建设教育强国、科技强国、人才强国，坚持为党育人、为国育才，全面提高人才自主培养质量，着力造就拔尖创新人才，聚天下英才而用之。"从基础教育到高等教育，从青年座谈会到师生座谈会，从全国工作会议到党的全国代表大会，只要是教育的根本任务就是立德树人，理想教育和信仰必须被视为"灵魂"。思政教育明确和强调了首要任务，揭示了理想信念教育在培育和践行社会主义核心价值观、培育和弘扬中华精神中的基础作用，明确了理想信念在立德树人中的关键作用。

在《路易斯·波拿巴的雾月十八日》中，马克思从三个本质维度分析，一个是由"原则和人生观"等规范性因素构成，以"价值观"为核心的概念世界，具备基础性，另一个是由"希望、信仰、信条"等理想因素构成的意义世界，以"信仰"为核心概念，具备支配性和主导性。还有一个是由"旧日回忆、忧虑与希望、独特的情感、同情与反感"等基本因素构成的情感世界，以"精神"为核心概念，具备辅助性。概念世界是思维灵魂的价值基础，意义世界是人思维灵魂的信仰主宰，精神世界是思维灵魂的情感依托。塑造人类灵魂的主要因素是以观念世界和核心价值观为价值基础，以情感世界和民族精神为情感支撑，构建意义世界和理想信念世界。马克思说："人不是个体人的抽象物，就其本质而言，人是一切社会关系的总和"。也就是说，人不仅具有自然属性，在本质上还具有社会属性。由此看来，理想信念是"魂中之魂"，核心价值观是"魂中之媒"，中国精神是"魂中之本"。在落实立德树人根本任务中，紧紧抓住理想信念这个关键，即紧紧围绕理想信念教育这个中心环节，培育和践行社会主义核心价值观，培育弘扬中华精神，坚定理想信念是引导和支持青年学子成长发展的"政治魂"和"精神钙"。

四、思想政治工作贯穿教育教学全过程

古人云："尊教兴学，立国之本；举才育人，为政第一"。综合素质教育的价值在于增强民族的创新创造力，促进人民的全面发展，是实现中华民族伟大复兴的根本，也是社会进步和民族振兴的基石。教育强国，其中教育发展水平是关键，党中央加快推进建设世界一流大学和一流学科的决策就是因为我们对高等教育的需求比以往任何时候都大，对知识和科学追求的渴求比以往任何时候都大，高等教育是一个国家发展水平和发展潜力的重要标志，这一决策的提出就是要提升我国高等教育发展水平，提升国家核心竞争力。要想实现中华民族的伟大复兴，教育的地位和作用不容忽视。大学的立身之本是立德树人。只有培养一流人才的大学，才能成为世界顶尖大学。办好中国大学、建设世界一流大学，必须真正把握全面提升人才培养能力的核心要点，并以此带动大学的其他工作。

大学思政教育是帮助大学生走出思想困境的重要工具。大学生正处于思想道德体系尚未稳定的阶段。他们刚刚离开高中紧张的学习和生活，步入了大学校园，无论是在学习、生活还是思想上，都需要极大的自主性和主动性。面对复杂的社会环境，中西观念的碰撞，各种观念的冲击，各种利益的诱惑，难免产生道

德危机、心理危机、信仰危机等思想危机。大学思政教育的重点是帮助大学生树立正确的思想观念，提高辨别是非的能力，这对学生的成长和发展具有重要的现实意义。

大学的"三全育人"工作不仅是办好我国大学的优势所在，也是我国大学的办学特色所在。青年时期是一个人价值观形成和确立的关键时期，也是其成长成才的枢纽所在。要始终高度重视学生思政教育工作，遵循"因事而变、与时俱进、因势而新"的基本原则。全国高校思想政治工作会议明确、系统地指出："要遵循思想政治工作规律""用好课堂教学主渠道""加快推进思想政治工作""加强中国特色哲学社会科学学科体系和教材体系建设""更加注重以文化人，以文育人""用新媒体新技术让工作活起来"。必须坚持以马克思主义理论为指导，全面贯彻党的教育方针。要坚持不懈传播马克思主义科学理论，抓好马克思主义理论教育，为学生一生成长奠定科学的思想基础。要坚持不懈培育和弘扬社会主义核心价值观，从而引导师生共同成为社会主义核心价值观的坚决信仰者、积极倡导者、模范践行者。要坚持不懈促进高校和谐稳定，培育理性平和的健康心态，加强人文关怀和心理疏导，把高校建设成为安定团结的模范之地，并进行人文关怀和心理引导的工作。要坚持不懈地培育良好校风和学风，让高等教育的发展实现管理科学、制度规范、风清气正。

第二节　"三全育人"的理论基础

教育的本质是促进人的发展。培养什么样的人是教育的首要问题。纵观古今中外，每个国家都会根据自己的政治要求培养人才。培养社会需要的人，就是培养社会发展、知识积累、文化传承、民族生存、制度运行所需要的人。"三全育人"的理念围绕"教育什么样的人"，回答了"如何育人"的问题。"三全育人"以人的全面发展理论为基础，明确了育人目标和指导思想，以系统论和协同论为指导，构建了跨越时空、全领域、全要素的人才培养体系。

一、系统论

西方学术界认为，系统论是建立在近代自然科学发展基础上的一门综合性学科，是 20 世纪 40 年代发明的新概念。钱学森先生对此持反对意见。他指出，中国古代有大量的"简单系统概念"在农业、医学、水利、军事等领域的自发应用，这些也反映在诗歌和哲学著作中。"简单系统的概念不仅反映在早期人类的实践中，而且也存在于古代中国和希腊的哲学思想中。"他结合逻辑学和历史学指出，"系统源于古人的社会实践经验。人在不具备系统思维和系统工程之前，也已经有了辩证系统的思维。"当然，古人所采用的简单系统概念与现代科学所教导的系统概念并不相同。钱学森认为，现代制度观不是现代科学技术的独创，而应追溯到"一百多年前马克思、恩格斯创立的系统观的概念里面。"①

（一）系统概念的起源与发展

人类在生产活动产生以后一直和自然系统打交道，吸取了社会实践经验，产生了系统的概念。在《管子·地员篇》《诗经·七月》等古代书籍里面，有系统地对农事活动与气候、季节、肥料、水分、土壤、地形、种子等诸多因素的关系分析。在古代天文学方面，我国很早就编制出了历法与指导农事活动的二十四节气，由此揭示了季节变化与天体运行的规律。在古代医学方面，齐国的名医扁鹊和医学总集《黄帝内经》都着重论述了身体健康与自然环境之间的联系，人的身体中的各个器官的有机联系，心理现象与生理现象之间的联系。在古代水利方面，战国时期李冰所建造的都江堰，包括三大主体工程和120个附属渠堰工程，工程之间的联系处理得恰到好处，形成了一个协调运转的工程总体，等等。在这些领域里面都或多或少地体现了系统的朴素概念，那个时代的人们已经对辩证的系统思维有了初步的运用。就像恩格斯说的"人们远在知道什么是辩证法以前，就已经辩证地思考了"。简单的系统概念除了在古中国、古希腊的哲学思想里面有所体现，还体现在当时人们的生产活动之中。当时的唯物主义思想学家都把自然视为一个单一的实体，认为世界的本源是物质的。比如战国时期的思想教育家老子着重描述了自然世界的统一性，南宋时期著名的政论家陈亮认为"理一"为天地万物的理的整体，"分殊"是整体中每一事物的功能，试图从整体的角度说明部分与整体的关系，由此提出了"理一分殊"思想。还比如古希腊的哲学家德谟克利特著有《宇宙大系统》一书，哲学家赫拉克利特也在《论自然界》一书中说，"世界是包括一切的整体"。从上述事例中可以看到中国古代辩证唯物主义系统理论的萌芽，尽管中国古代朴素唯物主义思想中强调了自然事物都是统一的、整体的，但是对这种事物的细节的理解还相当不够，对整体和统一的理解也不够充分。

15 世纪中后时期，自然科学这一学科开始兴起，主要研究自然世界中的每

---

① 钱学森. 工程控制论(修订版)[M]. 北京：科学出版社，1980：97.

一处细节问题，生物学科、化学学科、物理学科、力学学科、天文学学科等日趋分离、独立起来。现代自然科学从自然界中被提炼出来。通过实验、解剖、观察等方法，对一般的自然关系进行细部研究，并加以分类研究。在哲学中，形成了形而上学的思维。形而上学的思维比古代哲学在深入细致的考察方面有所进步，但却抛开了整体关系去考察事物的细节。"以这些障碍堵塞了自己从了解部分到了解整体，到洞察普遍联系的道路"。

19世纪前期，自然科学这一领域成果斐然，尤其是能量转换、细胞生物学和生物进化论的发展，极大地增强了大众对于自然过程相互关系的理解。恩格斯曾说过"由于这三大发现和自然科学的其他巨大进步，我们现在不仅能够指出自然界中各个领域过程之间的关系，而且我们能够依靠自然科学本身所提供的事实，以近乎系统的形式描绘出一幅自然界联系的清晰图画。今天，当人们对自然研究的结果只是辩证地即从他们自身的联系进行考察，就可以制成一个在我们这个时代是令人满意的'自然体系'的时候，当这种联系的辩证性质，甚至迫使自然哲学家的受过形而上学训练的头脑违背他们的意志而不得不接受的时候，自然哲学被最终清除了。"其实这个时期，自然科学的本质是整理材料，整理这些事物的发生、发展，整理过程以及整理把这些过程结合为一个伟大整体的联系的科学，为唯物自然主义打下了坚实的基础，也是马克思主义哲学中丰富材料的来源。马克思、恩格斯的辩证唯物主义认为，世界是一个物质事物之间相互联系、依赖、制约、作用，进而形成统一的过程。物质世界的普遍关系和完整性的概念，即系统思想。恩格斯认为，"思维既把相互联系的要素联合为一个统一体，同样也把意识的对象分解为他们的要素。没有分析就没有综合"。系统论思想是一种辩证思维工具，用来分析和总结。它在辩证唯物主义里面以哲学的形式表现出来，在运筹学和其他系统科学里面以定量的形式表现，在系统工程里面得到了丰厚的实践内容。

美籍奥地利人、理论生物学家路德维希·冯·贝塔朗菲将源远流长的系统论思想总结成一门系统的学科。他先在1932年发表的"抗体系统论"中提到了关于系统论的内容。又在1937年，提出了一般系统论理论，是这门科学发展的理论基础。但在1945年才公开发表了《关于一般系统论》这一论文。而这一理论能真正让学术界重视起来还是在三年后贝塔朗菲在美国对于"一般系统论"的再次讲述。1968年，贝塔朗菲发表的专著《一般系统理论基础、发展和应用》(General System Theory：Foundations，Development，Applications)，这部著作被公认为是系统科学的代表，同时也正式确立了这门科学的学术地位。

（二）系统论的基本思想

系统论的基本思想和方法是把研究和处理的对象看作一个系统，分析系统的结构和功能，研究系统、要素与环境之间的相互关系和变化规律，属于综合性学科。要用优化整个系统的角度来看待问题，世界里的所有事物都能够被看成是一个普遍存在的系统，不论是漫无边际的宇宙，还是微观原子，亦或者是成群的蜜蜂、一粒种子等都算作一个成熟的系统，世界作为一个集合的系统而存在。系统论的内涵是对待研究对象，把它看作一个整体，分析和研究各个层次和要素之间的相互关系和互补关系。关于系统的定义，钱学森教授进行了深入的分析，指出系统是许多要素的集合。一般来说，系统需要人们从整体的角度看问题，强调各个因素之间的关系。因此，在构建系统工程的过程中，必须从整体出发，综合发挥各部分的作用。因此，要完善制度，首先要建立一个整体的分析视角，这是系统分析的基石。

系统论将被研究和处理的对象作为一个整体系统，是其基本的思维方式，系统论中共同的基本特征是关联性、时序性、复杂性、完整性、开放性、自组织性、动态平衡性以及层次结构性，这些特征既是系统方法的基本原理又是系统的基本思想来源；既表现了系统论具有的科学方法论的基本内涵和反映了客观规律的科学理论，更体现了系统这门学科的特点。

贝塔朗菲指出"系统是指处于变化、联系、交往、互动中的各要素的总体，它的价值应大于单一个体的总和，即整体大于部分之和"。这也是第一次提出关于系统论整体性的原理。系统论中的整体性原则指的是若干个要素组成的系统，是一个有机整体且具有一定的新功能，这些组成系统子单元的单个要素，会在形成一个整体后具备从前所不具有的功能和性质，这是系统的规定性特征，同时整体的功能和性质也不等同于每个要素的功能和性质的简单结合。钱学森说："什么叫系统，系统就是由许多部分所组成的整体，所以系统的概念就是要强调整体，强调整体是由相互关联、相互制约的各个部分所组成的。系统工程就是从系统的认识出发，设计和实施个整体以求达到我们所希望得到的效果。"在这句话中，他认识到了整体性是整个系统中基础、鲜明的特征之一，在系统中具有重要意义。

整体性是系统能够形成系统的首要条件。贝塔朗菲说，"当我们讲到系统时，我们指的是整体或统一体"，他着重意识到所有的系统不只是各个部分机械性的整合或简单地结合，而是一个有机的整体。系统各要素在孤立状态下所不具备的性质是系统的整体功能的体现。他认为各个要素在系统中占据一定的位置，具有特定的作用，并不是孤立而存在的。并用亚里士多德的名言"整体大于部分之和"来对系统的整体性进行进一步说明。要素是存在整体里面的要素，若是把其从整体里面脱离出来，那它也会失去它本身的效用。"正如手在人体中它是劳动的器官，一旦将手从人体中砍下来，就将不再是劳动的器官了一样。系统功能依赖于要素活动，但任何功能归根到底起源于系统内各要素之间的相互作用。"

系统的层次性原则是指由于构成系统的各种要素的各种差异（包括组合方式的差异），使系统的组织在地位和作用、结构和功能等方面表现出一种等级次序。由此形成了具备质的差异的系统层次性。层级的概念从系统的质的差异或高层次的差异来反映系统的不同层次。系统层级就像一个套盒，系统是由元素组成的。一方面，这些系统只是上层系统的子系统元素；另一方面，这些系统元素是由下层元素组成的，是下层元素组成的系统。客观世界是无限的，所以系统层次也是无限的，高层系统由低层系统组成，高层系统包含低层系统，低层系统又属于高层系统。高层次与低层次之间的关系，首先是整体与部分、系统与要素的关系。总的来说，高层次是一个整体，可以限制低层次的发展，并具有低层次所没有的特性。低层次是构成高层次的一部分，并受高层次的制约，但也有自己的相对独立性。有机体由器官组成，每个器官均受有机整体的制约。一个系统，如果没有整体性，那么这个系统也就不复存在了。反之，如果一个系统中的元素完全失去了独立性，那么这个系统就会变成一块铁板，这时这个系统也就不复存在了。系统层次的划分是相对的，相对划分的不同层次是相互关联的。经常可以看到，不仅上下相邻的层次相互影响、相互制约，而且多个层次之间也发生相互联系、相互作用，甚至多个层次之间相互作用。系统发生自组织时，系统中出现了众多要素，多个不同的部分，多个层次的相互行为，全部要素被调动起来，造成整个系统发生相变，进入新的状态。一般而言，低层次系统的要素之间具有较大的结合强度，而高层次系统的要素之间的结合强度则小些，随着层次的升高，结合强度也越来越小，这正如从客观世界最一般物质层次所表现的那样。要素之间结合强度较大的系统，具有更大的确定性，反之，要素之间结合强度较小的系统，则具有较强的灵活性。

系统的开放性原则是指要求系统应当具有与外部环境之间，不断交换物质、能量与知识的特征和功能。系统向环境开放是系统得以向上发展的前提，也是系统得以稳定存在的条件。事物的发展变化，内因是变化的根据，外因是变化的条件，外因通过内因而起作用。为使外因通过内因起作用，便需要系统与环境之间、内因与外因之间发生相互联系和相互作用。否则，内因就只能滞留于内因之中，而外因则总是处于内因之外，而内因对于外因来说，只是潜在的可能性。同样地，外因对于内因来说，也只是潜在的可能性。一个封闭的系统，系统与环境之间没有任何联系，内因与外因也就不可能发生任何联系，即没有相互作用。现实世界中，现实的系统都是开放系统。系统总是处于与环境的相互联系和相互作用之中，通过系统与环境的交换，潜在的可能性就有可能转化为现实性，转化为现实的东西。因此，通过开放，内因与外因发生相互作用、相互转化，引起系统发生质量互变。最初是系统从环境引入某种量的变化，发生某种量的改变，经过进一步发展，终于发生质的变化，量变转变为质变，进而又开始新的量变。系统的开放，通常说的是向环境的开放，意味着系统的低层次向高一层次的开放。系统的开放，同时也指系统向自己的内部开放。系统向高层次开放，使得系统可以与环境发生相互作用，系统与环境之间既竞争又合作。而系统向低层次开放，使得系统内部可能发生多层次的、多水平的、在差异之中的协同作用，更好地发挥系统的整体性功能。

系统目的性原则是指一个组织系统在与其环境的相互作用中，在一定范围内，其发展变化不受或较少受变化的条件或经验路径的影响，并坚持表现出一定的倾向性。系统科学的兴起赋予目标以新的科学解释，使目标重新成为重要的科学概念。维纳等的重要结论是："所有有目的的行为都可以看作是需要负反馈的行为。"因此，根据控制论，瞄准行为成为负反馈语言控制的行为的代名词。由此，"目标"的概念成为一个科学概念，用来描述人类等常见非生物系统的瞄准行为。一个具体系统的目标在系统的发展变化中，必然与系统的开放性有关。也就是说，一个稳定的移动系统一定是一个开放的系统。系统的能力表现出来，所谓目标也表现在其中，按系统与环境相互作用的类型，即线性作用和非线性作用，将系统分为单因系统和目标系统。从环境到系统的一定输入必须引起系统到环境的一定输出，即一定的原因必须引起一定的效果。一个简单的线性系统是这样的因果系统。相反，目标系统是系统与环境之间具有复杂非线性相互作用的系统。这种复杂的非线性相互作用表现为系统中复杂的反馈机制的形成。系统之所以有目的，在于系统内部以及系统与环境之间复杂的非线性相互作用。系统目标表明了系统开发方向的确定性。在一定的发展阶段、一定的范围内，无论环境条件如何变化，一个系统总是朝着一定的方向发展，原因不同，结果相同。

（三）系统论对"三全育人"理念的启示

"三全育人"模式充分运用系统论原理，强调在育人过程中，各要素要充分融合、相互关联、相互制约、相互作用，优化结构，形成合力，发挥整体作用，进而充分发挥"三全育人"模式的整体效应，提高育人实效。

作为社会道德体系的重要组成部分，"三全育人"体系不是封闭孤立的，而是一个开放的对外联系的体系。在当前互联网高速发展的情况下，学生可以快速获取各种信息。多样化和未经过滤的信息会影响身心发展不成熟的学生，大学是学生从未成年人过渡到成年人，从"校园人"过渡到社会人的重要场所。为了让大学生在进入社会后迅速适应不断变化的环境，思想政治教育工作者的任务应该是始终把"三全育人"体系置于一个受控的、动态的社会环境中，这样的育人才能确保其具有实效性、针对性，才能满足社会需求，适应社会变化。

作为一种制度设计，"三全育人"要求在开展教育活动的过程中思想政治教育要"深入"进行。概括地说，它界定了育人的完整性："育人的全过程"必须是把每个时期、各个环节串联起来，共同推动，实现育人；"育人的全方位"体现在更加注重从各个方面、不同形式来提高学生的综合道德素质。"三全育人"主要从三个维度分析问题，强调思想政治教育里面育人意识的重要性，实现全员、全过程、全方位的有效结合，提高思想政治教育水平，完善德育体系。从功能上看，育人的实效性是思想政治教育的体现，也是思想政治功能的体现。"三全育人"理念能强化教学效果，与实践相结合，提高教学活动的有效性。

二、协同论

协同理论是 20 世纪 70 年代，在对多门学科进行深入研究的基础之上，慢慢形成和发展的一门新兴学科，也被称作"协和学""协同学"，是系统理论中重要的分支科学。1971 年，物理学家哈肯（Hermann Haken）提出了协同的概念，并在五年后又对其理论进行了系统阐述。

（一）协同理论的基本思想

这一理论以突变论、控制理论、信息论、系统论等为基本构架，运用了动力学和统计融合的方式，并吸收了结构散逸论的许多内容，在对许多范畴进行研究的基础上，提出了多维相空间概念。协同论是近几十年来获得发展并得到广泛应用的综合性学科，也是研究不同事物共同特点及协同机制的新兴学科。它在从微观过渡到宏观的过程中，形成了全新的一种数学模型和方法，它阐明了所有事件和过程的由无序向有序过渡的共同原理。哈肯博士也认为，由多个不同的学科进行协同，揭示了组织系统的基本原理，才能称之为协同科学，而且因为科学研究的目标是多个子系统的共同功能，从而形成宏观尺度上的功能与特性，才能被称之为协同学。

物质世界里存在着不同的系统，社会的或大自然的，有生命的或无生命的，宏观的或微观的等等。这种看似完全不同的体系之间也存在着极大的差别。不同的体系，虽然属性上完全不同，但它们在整个环境中却具有了协同理论基础，是在研究事物由原始结构向全新结构转变机制中的普遍变化规律的基础上逐渐形成和发展起来的，其最主要的特点便是如此类推地从无序到有序的现象产生出全新的数学体系。并将其扩展到物理学、化学、生物学、天文学、经济学、社会学和管理学等诸多领域结构，即随机"力"和确定性"力"之间的相互作用驱动系统从他们的旧状态到他们的新状态，并确定应该达到哪个新状态。协同理论已成为软科学研究的重要工具和方法。

哈肯教授认为结构和行动之间的关系是相互依存的，并由此提出了"功能结构"的概念。当能量或物质的流动中断时，所考虑的物理和化学系统会失去其结构，但大多数生物系统的结构可以保存相当长的时间。生物系统就像非耗散结构和耗散结构的组合。紧接着他指出，生物系统具有特定的"目的"，因此将其视为"功能结构"更为合适。

（二）协同理论的特征

1. 协同论具有普适性特征

这种理论属于自组织理论的一种，它的影响比起找寻自然世界的普遍规律，更侧重于在有生命的自然世界和无生命的自然世界之间建立一座桥梁。因而得知，这样的协同效应理论是将有生命的与无生命的自然世界联系起来。同时这一理论还被普遍地应用于不同系统的分析、建模、预测和决策中的自组织现象中，像社会学范畴里的舆论形成模型，社会体制与社会革命、大众传媒的作用问题；经济学范畴中的经济繁荣与经济衰退，城市发展，经济事态发展与技术革新等方面的协同效应问题；化学范畴里的化学钟的动荡和化学宏观模式，各种化学波及螺线的形成问题；物理范畴中的大气湍流及流体动力学模型的形成等问题。所以，这个理论是有着广泛的适用性或者普遍性的系统理论，其目的在于探索完全不同学科之间共同存在的本质特征。可以把具有普遍适用性的协同理论引入到管

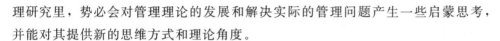

理研究里，势必会对管理理论的发展和解决实际的管理问题产生一些启蒙思考，并能对其提供新的思维方式和理论角度。

2. 序参量是现代管理发展的主导因素

协同论里边有一个核心概念，就是序参量。它是指一个系统整体演化过程里从无到有的变化，影响着系统各要素由一种相变状态转化为另一种相变状态的集体协同行为，并能指示出新结构形成的参量。所以在现代管理思想里边，必须从制约管理的诸多因素里，将关键因素与次要因素、实质因素与非本质因素、必要因素与偶然因素等区别开来，从而找到对其中起着决定性影响的序参量，才能做到正确把握管理中的系统整体演化趋势。由于序参量不但指导了体系的发展过程，同时决定着体系发展的结果，序参量的理论对现代管理提出了一种全新的理论观点，也说明了系统在临界状态下是怎样进行相变的及序参量如何主导系统产生新的时间、空间或功能结构。序参量的特征决定了它是管理系统发展演化的主导因素，只要在管理过程中审时度势，创造条件，通过控制管理系统外部参量和加强内部协同，强化和凸显我们所期望的序参量，就能使管理系统有序、稳定地运行。

3. 自组织是管理系统自我完善的根本途径

协同理论的自组织化原理的本质在于系统内部的自组织过程，目的是通过协同的形式和手段将一个系统从无序化演进到有序化的过程。所以在当代的管理系统里面，想要实现自我优化和发展，完成从无序的不稳定状态向有序的稳定状态的过度，就要依赖于协同理论的自组织。管理组织中想要实现自组织过程就应具有自组织实现的条件。第一点是能够保证系统具有存在与发展的生命力，能够与外部实现信息、物质与能源之间的互动，使得系统具备的特性有生命力；第二点则是指系统内的不同子系统间必须协同合作、降低系统自身内耗，才可以发挥出最大效能，使系统具有非线性相关性。

4. 管理系统是一个复杂性的开放系统

若是系统脱离了与外界环境的物质、能量、信息的联系，就会处于封闭或封锁的状态。这是协同理论的自组织原理的表现。如果处于这种表现之中，不论系统的原始状态是什么样子，最后内部有秩序的结构都会被损坏，造成"一片死寂"的现象。所以管理系统需要不停地与外界进行能量、物质、信息上的交换，而系统在这样的状态下才能变得更复杂、更开放，才能具有生命活力。其复杂功能表现是因为管理系统通常由人、组织和环境三个主要元素组成，每个元素又包含若干个子元素，而且里面有非线性的属性。它是一个开放系统，因为它不断地接收各种数据，经过处理，输出管理对象所需要的信息。管理系统的目的是在持续的信息接收和信息打印方面进行系统的改进和发展。

（三）协同理论对思想政治教育的启示

思政教育工作是一项系统工程，必须强调系统性、全面性、综合性。思政教育工作是一项复杂的重大工作，既涵盖了思想政治教育的重要途径，又涵盖了日常思政工作教育的重要场所；既涵盖了专职思政工作教育者，也涵盖了兼职思政工作教育人员；既包含专业传授思想政治理论知识的教师，也包括专业开展思想政治训练活动的学生。因此，思政教育工作更需要致力于对人才进行培养，与此同时，在人才培养的整体环节上更需要加强思政教育。大中小学校思想政治教育课程的全面建设，以及与家庭、学校、社会、政府工作组织之间的多方协调，都深刻体现了思想政治教育的重要性、系统化和综合性。[1]

协同理论与思想政治教育相结合，首先体现在大学里的思想政治教育的系统化。思想政治教育是一项系统工程，同时与学校专业教育并存，与教学系统、科研系统、后勤系统、管理系统等有着千丝万缕的联系，统一在学校的教育系统之下。其次，目标、内容、方法等不同要素的相互作用与协作决定了这一系统能否正常运行。最后，大学思想政治教育是一个开放的高校教育体系，与其他系统作用重叠，与不同系统有着密不可分的关系。思想政治教育不仅是思想政治教师的责任，更是全校教职工乃至全社会的责任。思想政治教育的内容、方法和途径具有开放性、综合性、复杂性的特点。高校思想政治教育只有在开放的状态下，才能冲破藩篱，最大限度地利用资源，吸收能量，永续生命，使系统有序发展。[2]

第三节　新时代高校"三全育人"
的现实意义

"三全育人"对提高高校思想政治工作的实效性、加强高校思想政治教育工作队伍建设、落实教育"立德树人"根本任务具有重要的意义。

---

① 冯刚. 推进断时代思想政治教育治理体系现代化[N]. 中国教育报，2020-03-19.
② 张文强. 新时代构建高校思想政治教育协同机制研究[J]. 国家教育行政学院学报，2019(12)：75-80.

一、积极贯彻国家关于高校思想政治工作的政策

学生是一个特殊的群体，是社会主义的建设者和接班人，是国家和民族的未来和希望。加强和提高学生思想政治教育是推进党和国家建设的必然条件，是增强党的组织能力和巩固党的权力基础的重要保障，党和政府历来高度重视学生的思想政治教育工作，高度重视学生的健康成长。所以学校的思想政治工作是教育工作的重点。

当前，我国正处于改革日益深入的转型时期，外国资本主义思想、价值观、意识形态、文化和生活方式在不断渗透，范围非常广泛，观念差异巨大。对于人生观、世界观、价值观不稳定的当代学生来说，极易受其影响。"三全育人"的教育理念，符合党和政府对加强和提高高校思想政治工作的新要求，符合党和政府对思想政治工作的导向，响应党和政府关于高校思想政治工作与时俱进、创新发展的号召。

21 世纪以来，党和国家先后出台了《关于进一步加强和改进大学生思想政治教育的意见》《关于进一步加强和改进新形势下高校宣传思想工作的意见》等近 20 份文件。这些文件都体现了党和国家对大学思政教育工作的重视。大学思政工作关系到高校培养什么样的人、如何培养人，为谁培养人的问题，应该将高校思想政治教育放在"事关国家和民族未来"的高度进行统筹规划。党和国家在客观分析国际国内教育形势的基础上，结合我国当前的教育发展形势，明确提出"立德树人是教育的根本任务"的科学结论。2016 年底全国高校思想政治会议明确表示"坚持以德育为中心"，并再次突出了"立德树人"的主要任务。

（一）明确思想政治教育的指导思想和基本原则

开展普通高等学校的思想理论教育工作，就必须自始至终坚持以马克思主义原理为指导，把马克思主义的立场、观点和方法，运用到各研究领域、各学科专业，以进一步掌握马克思主义新观点、新方法、新思想。引导全校师生深刻把握其核心要义和思想精髓，牢固树立核心意识。把社会主义核心价值观建设融入高校办学教育的全过程，把中华优秀传统文化教育、中华民族革命文化教育、社会主义先进文化教育等融入校园文化工作，坚持专业知识教学和育人问题的有机结合、坚持理论教学和现实问题的有机结合、坚持教育教学和治理的有机结合、解决理论问题和解决实际问题的有机结合、保持改革传统教育教学和改革实践问题的有机结合。

（二）加强思想政治教育工作队伍建设

打铁还须自身硬，要把思想政治工作做出更好更高的水平，就必须有一支高水平、高觉悟、信念坚定、作风坚强、爱岗敬业的思政工作专职队伍。这支教师队伍的主体是学校的党委团干部、思政理论课老师和哲学社科专业课教师、学校辅导员等。要使学生思政教学上取得实效，就需要不断加强对他们思维的培养、训练、引导和运用。同时，学校要形成全员育人的环境与工作制度，要让所有教职员工都承担起培育学生的责任。

二、能够有效加强思想政治教育的薄弱环节

在党和政府的高度重视下，高校学生思想政治教育取得了举世闻名的成就。但是，随着社会多元化、全球化的加剧，我国高校思政教育面临更大的挑战。对此，必须有清醒的认识，高度重视思政工作中的薄弱环节，制定有针对性的改进措施，认真落实和完善，确保育人效果。我国高校思想政治工作突出的是实效性不足的问题，表现在以下几个方面。

（一）思想政治教育存在形式主义弊端

高校不是远离社会的象牙塔，而是各种观念和思潮激烈角逐的斗争场，是思想导向鲜明的前沿阵地。因此，党和政府历来高度重视高校思想政治教育工作。在高校开展工作的同时，也致力于思想政治教育的理论研究和创新，一些深层次的思想问题和亟待解决的实际问题还没有得到真正解决。思想政治教育对学生的重要性，在实际教育教学中没有采取有效措施，达到育人的效果，所以"言重于实"。甚至有专业教师认为思想政治教育只是思政学科教师的工作，他们只需要对学生专业课的成绩负责，而忽略了自己德育的责任。因此，我们既要重视思想政治教育，又要有针对性地采取措施，确保工作取得实效性。

（二）思想政治教育手段和方法单一、落后

长期以来，我国高校思想政治教育最常用的方式是"灌输式教学法"。进入改革日益深入的新时代，外部环境的不断变化给高校思想政治教育带来了新的问题和挑战。思想政治教育的环境、对象、内容也发生了重大变化。灌输的方法重传递，轻思维，重思想，只"传授道德知识，忽视选择道德和能力建设"显然不能适应社会的发展和当前思想政治教育的实际。伦理道德准则难以内化为学生的自我

意识、灌输纯理论的解释和空洞的说教很容易使学生产生抵触和逆反。因此，我们要不断更新育人观念和方法，拓展立德树人路径，适应新时代社会发展需要。

（三）缺乏必要的情感教育

教育的根本和出发点是"人"，尤其是思想政治教育。我们对学生进行思想政治教育的最终目的是将社会需要的一套规则和规范内化为他们的动机和意识，然后将这种意识外化为行为，建立其稳定的性格。马克思指出："道德的本质精神是自由和自律"。因此，从更深层次上讲，思想政治教育要使受教育者内心真正认同，是自愿的，而不是通过强制和外在的法律胁迫而被动服从。"唯有情感，才能使德育真正成为触及心灵、发展精神的教育。没有情感的德育，就不可能成为精神发展的活动，成为生命内在的精神活动。"对于高校学生来说，要清醒认识情感教育的缺失，及时更新教育理念，关心学生情感生活中的情感体验和性格养成。虽然我们一直强调理性和感性在思想政治教育中要同时发挥效用，但在某些教学实践中往往弱化了情感的作用，一些教师不了解"情"，不善于运用情感教育，结果往往导致"当前的德育工作有明显的问题"。教师的理性化倾向，过度强调理性知识的传授，忽视感性经验的内化，过度强调外在的理性控制，忽视内在的情绪调节，不利于思想教育的实施。受诸多因素的影响，学生对老师的敬畏感比较强，师生之间的交流比较少，关系还不够密切。因此，要做好思想政治工作，必须深化以人为本的理念，注重通过情感交流培养学生个性。

（四）新媒体给高校思想政治教育带来巨大影响

对人的一生来说，很重要的发展阶段就是大学阶段。在这个阶段的学生带着还未完全定型的价值观、人生观和世界观去认识世界，对新鲜事物保持着极强的好奇心，但也极易受到外来文化的冲击和外部世界的影响。尤其是网络的快速发展和新媒体逐渐涌现出来，使学生能够接触其平时接触不到的信息，一方面丰富了他们的知识储备，另一方面也让他们的眼界更加开阔。但从另一个角度来说，网络所塑造的二次元世界会让学生逐渐迷失自我，逃避现实，也会让他们产生依赖性。特别是还有很多暴力血腥的内容存在于网络世界中，对于学生的思想观念造成的不良影响极大。而且现在很多西方媒体会恶意发布一些丑化和诋毁国家政治方面的内容，宣传资本主义思想，致力于腐蚀学生的心灵，影响他们的自我意识，更会冲击我国的主流价值观，不利于主流价值观念的宣传与教育。所以在这样的背景下，高校要在开展思政教育工作的同时重视妥善发挥新媒体和互联网的作用，尽量避免其带来的不良影响。

"三全育人"概念的提出，既符合对思想政治教学实际的要求，又是对思想政治教学理论实践的要求。首先，它强调了思想政治教育的全过程，最后止步于学生实践，有利于克服形式主义的弊端。其次，注重思想教育的包容性，将思想政治教育和马克思主义理论教学有机融合起来，以提高思想政治教学的有效性。最后，"三全育人"注重载体和媒介的丰富化和多元化，可以有效避免传统思想政治教育方式单一的问题。"三全育人"以教育工作为核心，发挥了各院系和地方教育部门的主要功能，通过开辟各种途径，充分调动学校整员力量，提高思想政治教育的实效性和针对性，能够有效解决当前学校思想政治教育的薄弱环节。

三、能够集中体现思想政治工作的突出特点

思想政治工作所面对的教育对象是人，主要为了提高人本身的思想觉悟，处理的是人的观点、人的政治立场以及人的思想问题。这项工作既是做好各项工作的保证基础，也是学校总体工作的有力组成部分。思想政治工作的内涵和外延丰富，是思想政治工作的鲜明特点。思想政治工作的内涵是指思想政治工作存在和发展的基础，它决定着思想政治工作的性质和形式；思想政治工作的外延是指思想政治工作的边界或范围。政治工作，是由思想政治工作的内涵决定的。"把思想政治工作融入教育教学全过程，实现全过程育人、全面育人"既包含思想政治工作的内涵特征，也标志着思想政治工作的外部特点。

（一）展现了思想政治工作的意识形态性

意识形态是思想政治工作中比较明显的特征。思想政治工作与社会主义意识形态的关系是直接的、基本的，思想政治工作的性质是由社会主义意识形态来界定的。思想工作是一项极其重要的工作。高校是党的意识形态工作的前沿阵地，也是党的意识形态工作的独特阵地。高校意识形态工作最根本的是坚持以马列主义、毛泽东思想、邓小平理论、"三个代表"重要思想、科学发展观和新时代中国特色社会主义思想为指导，坚持中国特色社会主义道路和制度，以社会主义核心价值观为指引，保障高校的社会主义发展方向。学校意识形态工作的地位和作用，决定了学校要把思想政治工作贯穿教育教学全过程，坚持以育人为本，立德树人，把思想政治工作放在首位，把思想教育摆在更加突出的位置。只有这样，才能充分发挥思想政治工作保证方向、提供动力、增强活力和凝聚力的作用，提高我国高等教育发展水平，增强国家核心竞争力。

（二）展现了思想政治工作的全员性和全程性

在我国，思想政治工作不仅包括全体人员育人，还包括整个的全过程育人。所谓全民性，就是全体人民群众都必须参加思政工作，接受思政教育。他们是教育工作者和受教育者，其中共产党员，特别是突出干部和青年学生成为思想政治工作的重点：各级党组织、共青团组织、工会组织承担着重要的思政工作责任。社会各阶层都有各种形式的思政工作。所谓全过程，是指思政工作过程的连续性，包括工作环节的完善和衔接，以及思政教育渗透到学生学习和受教育的方方面面，为育人工作的开展创造了良好的外部环境。

高校思想政治工作包括高校各党政机关、团体组织、学术机构和教职工，即各组织、各个党员都要接受思政教育，参与到思政建设工作中去。尤其是各级的党组织、党员、思政工作人员、老师首先要作为一名学生来接受思政教育，提升自身的思政素质，然后将思政教育和自身的工作内容结合，面向学生教书育人、科研育人、实践育人、管理育人、服务育人、文化育人、组织育人。真真正正地做到全过程全方位地育人就要将思政教育工作与日常生活、管理服务、教育教学相结合。轻视或贬低思想政治工作，不参加思想政治工作，不接受思想政治教育，实际上是在推卸育人责任，偏离办学正确方向。只会给学生带来消极甚至错误的影响，阻碍教育教学的正常进行。

四、促进德育理论研究向纵深发展

育人为本，德育为先。德育必须紧密结合社会发展的现实需要，立足于解决问题的现实需要。21世纪以来，我国教育事业的发展趋势理论研究主要体现在三个方面："走向教育理论本身的批判""走向丰富的教育实践""走向多维度的综合"。在市场经济和政治民主化的推动下，我国高校德育理论研究经历了科学阶段到现代阶段再到人性化阶段的过程，德育理论研究的每一次进步和突破，都是对过去德育理论体系在新时代背景下的发展，是与实际相结合的结果。今天，我国经济社会发展进入新常态，德育理论的研究也进入了一个新的阶段。各领域改革的深化，不同意识形态的交融与交锋，互联网的广泛覆盖，科学技术的飞速发展，都赋予了德育更加丰富的内涵，其概念和范畴也必然发生相应的变化。当今社会更加开放，整个世界的联系更加紧密。环境的开放性使得受教育者更容易、更快地接收到大量信息。基于此，受过教育的人的价值观和思维方式也更容易受到外界因素的影响。在这样的背景下，对学校里的德育工作提出了新的更高要求。学校里的德育工作者只有不断更新观念，树立与时俱进的新理念、新方法、新模式，才能保持旺盛的生命力。德育是一项系统工程，需要调动各方力量，整合各方资源，适应新时代的要求，发挥最大效用。"三全育人"的提出无疑是当前和今后一个时期大学德育工作的主旋律，加强研究有利于构建开放、动态、综合、可持续的德育模式，以及推进德育理论研究的深入发展。

（一）推进高校德育创新发展

高校的德育工作随着中华人民共和国成立，特别是对内改革、对外开放的政策实施，不断在探索和改革里推进和发展，由此取得了不少的成果。但还应清楚地看到其中的不足，像因以前的历史和当前的现实，我国高校的德育工作观念十分落后，在德育手段、德育制度、德育方法方面还十分保守。目前我们要以现实为基础，运用育人理论联系育人实际，同时引入他国先进的理念，让高校的育人工作能够实现创新发展。"三全育人"建立的是一种大思政观，在新时代经济社会发展对高校教育提出新要求的基础上，把理论研究和实践探索紧密联系起来，建立了严格且连续的管理制度。高校还在坚持党和国家对教育工作的领导的前提下充分发挥了各项积极因素，实现了各方面力量助力之下的教育渠道的拓宽，进一步促成了思政教育创新发展，等等。另外，立足当前我国高校思想政治教育实效性不足的现实，以新时代经济社会发展对高校育人提出的新要求为方向，建立严密、连续的实践机制，开创新形势下大学生思想政治工作体系的新格局。

（二）提升高校德育工作水平

当代大学生容易被不良文化、风俗、思想所影响，尤其是随着经济全球化的联系越来越紧密，科技水平发展越来越快，国际环境和国内环境的变化越来越深刻，不同的文化思潮和文化交流越来越猛烈。当前，国家的改革正在深化，社会变革虽然推动进步，但也不可避免地会出现一些问题。如何结合信息时代思想政治教育的新特点，在复杂多变的环境中探索多元、开放、自由氛围的建立，教育引导学生树立正确的社会主义核心价值观，不断提高学生的思想水平、政治觉悟、道德品质，做好校园政治工作，切实做好德育工作，是当前高校思想政治工作中一项十分艰巨的任务。"三全育人"教育理念是一种开放、严谨、系统的德育模式，将思想政治教育渗透在学生学习、生活、成长的各个时期，整合各种德育教育资源，拓宽思想政治教育渠道，形成德育无处不在、无时不在、无刻不在的良好局面。同时，要抓住学生成才关键时期，实施多才多艺的培养，提高思想政

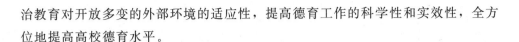

治教育对开放多变的外部环境的适应性，提高德育工作的科学性和实效性，全方位地提高高校德育水平。

（三）促进大学生全面健康成长

社会的发展进步主要依靠高素质人才，高校是人才发展的发源地，要坚持贯彻党的教育方针政策，提高学生的综合素质，促进全面育人健康发展。因此，我们不仅要让学生在学校获得专业知识和专业技能，更重要的是让学生树立正确的世界观、人生观和价值观，引导青年学生自觉学习社会主义核心价值观，引导学生奋发向上，传承美好传统，传承红色基因，热爱祖国和人民，励志报效祖国，筑牢坚实的精神堡垒，处理好个人利益与国家利益、个人需求与社会责任的关系，实现自己的人生价值，追求自己的人生方式，同时一步步提升社会价值，承担社会的责任。把责任作为一种精神追求和一种生活方式，带头弘扬良好的社会风气。全面系统的"三全育人"教育模式准确切合当下的教育需要，它不仅将思想政治教育融入教育教学全过程，还从各个方面入手，多管齐下发挥育人作用，既发挥了课堂教学等主渠道的育人作用。同时，也鼓励学生掌握所要学习的专业知识和技能。还通过校园文化活动、社会实践活动等多种渠道拓展了学生的视野，发展他们的能力，锤炼学生品格，最终达到促进学生综合素质全面健康发展的目的。

第四节　西方高校"三全育人"经验及其启示

西方一些经济方面发展比较好的国家也对学生进行思政教育，同时兼具着十分浓重的政治色彩。虽然西方国家没有明确地提到过"思想政治"的理念，但是国外高校思想政治教育的培养目标与其国家目标和教育目标是一脉相承的，反映出各个国家的需求。而且在人类社会发展进程中形成了共同的价值观念，具备鲜明的时代性和全球性，也符合各国的办学目标和国家目标。高校"三全育人"教育的目标是培养具有爱国精神的学生，最终的目的其实是培养学生全面发展，做一名合格的公民，逐渐成为一名符合各个国家发展需要的政治、思想、道德接班人。

国外高校的思想政治教育内容特别充足，并且随着社会的发展进步而不断增加。例如价值观教育、爱国主义教育、宗教教育、心理健康教育、职业道德教育等，其思想品德教育往往与社会现实息息相关，与学生的健康成长息息相关，可能成为通俗易懂的道理，更容易被学生接受。国外高校非常重视课堂教学，开设形式多样的思想政治教育课程，重视将思想政治教育融入专业等学科课程的教学中，注重通过一些社会实践活动增强学生的个人修养、道德品质和社会责任感。

一、国外高校育人的经验

西方国家学校的育人特色既有其共通的地方，也有其独特的地方。每个国家都要立足于本国的实际现状，将育人的内容和本土国情相融合。在对其他方面的思政工作进行加强的基础之上，逐渐总结出一套适应西方国家"三全育人"理论实践课的教学体系，同时这也会对我国的思政教育具有重要的借鉴意义。

（一）加强管理，尊重个人价值

关于国内思政教育的现状是个人应服从集体，少数应服从多数，更加侧重于关注社会集体主义价值观念，但长此以往，会让受教育的人产生疏离之感，逐渐忽略了他们本身的政治、心理需求，慢慢地抗拒和排斥思政教育。西方国家在这一方面截然不同，在民族意识的灌输中，更加重视和尊重个人的价值，在相关的法律和社会活动中更加关注个人。尊重个人的选择，给予个人更多的选择和自由，这样不仅调动了学生的积极性，而且也充分实现社会、学校和个人的有机结合，更好地达到预期效果。另外，西方国家普遍注重加强课程管理，制定了统一的目标、统一的课程标准和教学方案。从小学、中学到大学，建立了一体化的思想政治教育体系，将思想政治教育统筹规划实施，较好地解决了思想政治教育问题。而且西方国家的教育内容还将现实社会和学生的真实情况紧密联系起来，一步一步，慢慢进行理解，并根据不同阶段学生的不同特点，分出层次，由浅入深，具有针对性和实用性。

（二）坚持创新，培养时代需要的人才

在科技现代化、文化多元化、教育多元化、经济全球化的背景之下，国外很多国家都非常看重思政教育的改革和变化。通过多种方式方法的调整和升级，让思政教育持续适应现在形势的发展变化，保持思想政治教育的活力。思想政治教育要面向全体学生，着眼于提高学生的综合素质。这也是我国高校思想政治教育和国外高校思想政治教育的基本要求。在此基础上，注重培养学生的创新能力和

创新精神，为国家的发展造就一大批创新人才。

（三）多管齐下加强思想政治教育

在西方国家视角下，开展学生思想政治教育不仅仅是学校的责任，他们善于借助社会力量开展思想政治教育，积极探索思想政治教育的多种方式。教育是一项系统工程，单靠学校的力量很难完成这项任务，因此，学校、家庭、社区、社会、政府各行其事，各负其责，通过各种形式和手段，共同承担起学生的育人教育，形成"资源共享"的教育网络，辐射全社会，促进思政教育社会化、融合化、制度化。如根据田纳西州的法律，如果一名学生经常旷课，父母必须向当地法院支付50美元的罚款作为惩罚。美国的中学教育要求学生必须参加强制性的志愿活动，否则不能毕业。参加更多志愿活动的中学毕业生在高考中往往会被优先考虑。在日本，社会上自发形成了"妈妈读书会"。通过频繁的交流，妈妈们不仅为孩子树立了榜样，同时也提高了自身素质，培养了自己教育孩子的能力。此外，日本社区还有一座"老宅"，供社区居民参加教育学习或举办文化娱乐活动。日本社区不仅以此为基础开展职业教育，还开展"读书日""心理咨询"和"社区服务"等活动。这有利于整合学校、政府和社会资源，形成合力，培养理想的日本公民。这种思想政治教育模式有效地消除了单纯依靠学校进行思想政治教育的弊端，形成了多方位管理的良好局面。

（四）通过隐性教育渗透思想政治教育内容

国外的思政教育坚持渗透和灌输相结合的原则。隐性教育不但将思政教育与其他学科相结合，从而渗进学生教育的方方面面，而且通过开设思政教育课程，有效地发挥了课程教学的主渠道作用，使育人教育的实效性得到了显著提高。国外把思政教育融入了文化产业之中，使本国的公民在无形之中受到影响。像日本的二次元动漫、美国的好莱坞电影等都把关于本国的价值观念渗透进思政教育里面。不仅能让思政教育的效果增强，而且对于人民的民族自信心也有所增长。而且在文化产业里面展示爱国民主，让国民、学生形成极强的自信心和自豪感，培养极高的爱国责任感。既能为思政教育提供合适的出路，又能避免传统教育中填鸭式的教育方法。通过开展思政教育的方式向全世界宣扬本民族的价值观和本国的文化影响力，还能达到育人的效果。

（五）注重实用功能，提升教育实效

西方国家非常重视实践教学在思想政治教育中的地位和作用，在思想政治理论教育过程中也会通过提供许多实践机会，通过组织各种社会实践和志愿服务活动，使学生可以从中体验生活，加强社会责任。例如，通过参加社会志愿服务活动，为其他人提供帮助，使学生能够通过服务体验敬业的幸福。通过访问革命性的纪念馆和博物馆，学生具有更直观的情感体验，重视当今的幸福生活，进一步提高了他们理解和分析社会问题的能力。通过在几个主要节日中举办各种形式的纪念活动，对学生进行思政教育。例如，美国政府在珍珠港事件周年纪念日将组织一系列纪念活动，并让人民铭记这个日子。

（六）丰富传播媒介，创新教育方式

西方的很多国家除了传统的思政教育方式以外，还会充分利用社会资源，以不同的思政形式来教育当代大学生，比如在思想教育方面，主张利用社会文化设施和隐性的校园文化环境。在爱国主义教育方面，注重利用博物馆、纪念馆、革命遗址，像美国的国会大厦、林肯纪念堂、白宫等都是隐性教材和教育学生的基地。校园内的人文环境也有潜移默化的影响。日本高校重视校园建设，校园的建筑、设施、设备、装饰，甚至绿化美化，切实突出和强化特色和精神。同时，西方国家在思想政治教育过程中注重现代信息技术的运用，一方面利用互联网提供公民教育课程和慕课，提供在线心理咨询服务，将思想政治教育融入其中；另一方面，运用互联网、广播及电视等现代媒介，传播思想政治教育内容，坚持本国宣传的政治方向，有效提升教育效果。

二、国外高校育人经验的启示

（一）教育内容的启示

阶级性和政治性是思政教育中较显著的特点。对于西方各国来说，表现为浓厚的资产阶级个人主义思想，但对于国内而言，更加看重个人和社会之间的关系，是在尊重个人利益的基础之上更加坚持集体主义的价值观，是根据我国的国情而定的。每个国家虽然都有着截然不同的历史背景和文化传统，但都注重尊重自己的历史传统，灌输爱国主义教育、培育民族精神。再者，外国的思政教育所涉及的题材会越来越广泛，内容也会随着时代的发展而不断增加，所传授的实际

内容也会根据当地学生的实际发展需要而定，不再局限于民族意识形态的死板灌输。尤其是全球经济发展多样化的现代，污染和环境问题随着各国的联系越来越密切而日益突出。目前许多国家的思政教育的主要内容是培养全球视野，关注人类共同命运。像美国在"暴力袭击事件"发生后，更加侧重于将安全教育放入公民教育的范畴之中。这是各国根据自身实际状况调整思想政治教育内容的表现之一。所以我国应要注意在开展思政教育的同时坚持与时俱进，不断丰富思政教育的内容，充分学习借鉴国外的先进经验，同时还要适应本国的人们需要，达到提高思政教育的效果。

（二）教育方法的启示

有很多国外思政教育的方法值得借鉴。课堂教学是思想政治教育的主渠道。在课堂上、会采取小组讨论等教学方法，充分调动学生的积极性。在思想政治理论课程教学，很少使用直接的灌输式教学方法，教育内容通常是结合各种历史和文化知识，使学生在不知不觉中形成一些价值观。然而，并不是所有的国家都开设了思想政治教育课程，一些国家也没有单独开设，但无论开不开设思想政治教育类课程都没有影响对学生的教育。让我们所注意的是国外很多学校在其他科目的课堂中融入了思想政治教育的内容，这也是我们国家今天所倡导的"思政课程"到"课程思政"。除此以外，一些国外的高校也高度重视通过隐性课程，加强学生的思想政治教育，通过丰富多彩、生动有趣的活动，让学生受到教育。如心理健康教育、志愿服务和各种各样的建筑和无形文化资产是思想政治教育的重要载体。国外大学注重整合各种社会资源，充分挖掘和运用知识的力量和资源，发挥家庭、学校、社会等各方面的作用，为学生创造一个良好的氛围能成长为有实力有天赋的人才。此外，随着现代信息技术的发展，国家高度重视现代多媒体网络技术在思想政治教育中的应用，以提高教育效果。

（三）师资队伍建设的启示

国外的很多地方，从事思政教育行业的人是国家根据发展需要从行业里面挑选出来的，不仅限于某个学校的专业课教师，像政府机构的专业人士、企业的管理人员或者社会福利机构的代表，这些人士都能从事这份教育工作。多元化和开放化的教师来源，不仅为学生的思政教育带来了新方法、注入了新活力，而且促进了各行各业的人才与教育者之间的交流。这样的做法有利于教师队伍之间的人员流动，更让教师队伍结构趋于合理化。从另一个方面来说，又从侧面加强了思政教育的效果。因为优秀的人才被选拔出来后，在学校教师岗位上会继续研究"三全育人"教育。

（四）评价方法的启示

国外很多学校会采用定性和定量结合的方法，对学生的思想道德素质和综合能力进行评价，不再需要学生去参加思想政治理论课的考试。而这种评价需要在结合学生日常表现和课堂考试成绩的基础上进行。日常表现会根据家长、同学、教师、实习单位的总体评价得出结果，同时这四方还附有相应的评价责任。最后综合以上这些对学生进行综合认定。这种评价方式更加科学、公正，摆脱了成绩的决定性，也促进了学生素质的全面提高。

第三章

新时代高校"三全育人"的基本要素

"三全育人"以"培养德智体美劳全面发展的社会主义建设者和接班人"①为目标,是实现立德树人的有效途径。高校要正确把握立德树人这一教育的根本任务,将道德教育、思想政治教育贯穿教育的全过程,实现全程育人、全方位育人。本章通过归纳"三全育人"的目标体系、分析"三全育人"的主体和内容,希望能探索出实现"三全育人"目标功能依托的可靠载体。

第一节 "三全育人"的目标

育人是"三全育人"的核心和总体目标。新时代背景下,要贯彻落实"三全育人"工作,实现"三全育人"的目标,应转变教育理念,从教育内容、教育方法、教育载体等方面进行综合改革,建立全员、全程、全方位的育人格局,最终构建新时代高校一体化育人体系。

一、"三全育人"的总体目标

"三全育人"的总体目标是育人。推进高校"三全育人"工作要紧紧围绕育人的总体目标展开,坚持马克思主义思想的科学指导,以社会主义核心价值观为引领,深刻理解新时代国家教育方针,贯彻落实立德树人的根本任务。高校教育要坚持为人民服务、为社会主义现代化建设服务的原则,将专业教育与理想信念教育、社会实践相结合,促进高等教育现代化建设。简言之,新时代高校要切实把握"三全育人"的核心目标和总体目标,用时代的眼光和思维思考教育要培养什么样人、如何培养、为谁培养的基本问题。

人才的培养是教育的核心任务,也是教育改革的关键所在。我国的教育体系以为人民服务、为社会主义现代化建设服务为宗旨,因此,培养社会主义建设者和接班人成为教育的首要目标。高校在落实和推进"三全育人"工作时,应当从思想认识的高度出发,明确教育的基本问题和首要问题,明确教育的基本任务和基本方向。

思想认识高度决定了"三全育人"工作的战略高度。大学生是国之未来,是社会主义现代化建设的储备力量,正处于价值观念确定的关键时期。青年一代的价

---

① 关于加强和改进新形势下高校思想政治工作的意见[EB/OL]. https://www.gov.cn/xinwen/2017-02/27/content_5182502.htm.

值取向决定了未来社会的价值取向，因此，高校应做好大学生铸魂育人的工作，以社会主义核心价值观为引领，将理想信念教育贯穿教育的各个环节。毫不夸张地说，"三全育人"是一项战略工程。推进高校"三全育人"，贯彻落实立德树人，不仅事关青年一代的成长和个人发展，还事关国家和民族的未来。

二、"三全育人"的综合改革目标

要切实落实高校"三全育人"，就要进行从思想观念到教育教学方法的综合改革。高校要转变思想和育人观念，以社会主义核心价值观为引领，加强素质教育、道德教育和理想信念教育，紧紧围绕立德树人的根本任务，充分发挥高校的铸魂育人优势，提高育人工作的针对性、规范性、科学性，完善育人内容和育人标准，建立体系贯通、标准健全、运行有效、制度完善的全方位育人格局。

落实高校"三全育人"涉及学校内部的方方面面，毫无疑问，这是一项巨大的、系统性工程。落实高校"三全育人"，要清扫工作盲区，打通工作断点，突破工作弱点和难点，强化育人机制，完善育人体系。因此，高校要从教育政策、教育资源配置、教育体制等方面进行深化改革，将立德树人贯穿高校各项工作之中。

改革要从教育理念入手，做好教职人员思想政治工作，提高教职人员思想认识水平和育人能力。其次，要做好教育内容、教育方法、教育载体上的创新与改革。在尊重学生身心发展规律的前提下，优化教育内容、改进教育方法、创新教育载体，提高高校育人水平和育人能力。对于一些既有的工作，可通过增设新的工作专项、搭建新工作平台等方式进行深化、提升与创新。对于一些正在推进的工作，应结合高校实际情况拓展工作领域，寻找突破点。比如，互联网已深入融入学生的方方面面，是他们日常生活、获取信息、人际交往等方面不可缺少的工具。高校要善于把握互联网的信息传播优势，优化网络文化与网络育人资源建设，构建网络育人的新模式，扩大育人空间，拓展育人工作领域，将互联网这个最大变量转化为最大增量。

深化教育改革，切中改革要点，狠抓育人政策、育人机制、育人体制的优化调整。高校要系统梳理育人政策、育人机制和育人体制，找出弱项、盲区，实施有针对性的优化调整。同时，结合"三全育人"的总体要求和总体目标，将育人政策落到实处，加强育人机制管理与运行，健全育人体制架构，优化育人资源，通过综合改革实现高校育人工作规范化、标准化、科学化、模式化。要重点关注教育评价改革，结合"三全育人"的总体要求，建立学生综合素养评价体系，促进学生的全面发展和个性化发展；建立教师综合素质评价体系，将师德、师风纳入教师评价标准，将专业建设评估、教学审核评估、学科评估纳入教师评价体系之中。

三、"三全育人"的体系目标

构建高校一体化育人体系是"三全育人"的目标形态。高校实施综合改革的目标就是要通过思想观念转变、教育体制调整、教育机制优化等一系列改革，促进高校育人工作规范化、标准化、制度化、科学化发展，最终形成育人工作与人才培养一体化协同体系。高校育人工作的成效与人才培养体系建设息息相关。推进高校"三全育人"工作，建构一体化育人体系，是高等教育实现内涵式发展的关键。

（一）促进学生全面发展的教育体系

高校一体化育人体系是促进学生全面发展的教育体系。其中，德育是首要的，也是一体化育人体系的核心，必须贯穿学校工作的方方面面和教育工作的各个环节。要实现学生的全面发展，就要实现专业知识教授、专业能力训练、价值引领、人格塑造、素质养成等教育目标的一体化，换言之，就是将知识目标、能力目标、情感态度价值观目标有机结合，以道德教育为先，实现"五育"并举。同时，促进育人资源和育人要素一体化，整合校内资源、校外资源、互联网资源，创建全方位、全融通、一体化育人资源体系，形成育人的合力和整体效应。要加强育人体制机制建设，优化平台项目的系统设计，优化组织保障价值，从整体上推进高校一体化育人工作体系建设。在高校综合改革的牵引下，进一步明确育人目标、教育任务和思想导向，加强组织领导，拓宽育人工作平台，强化教职工队伍，优化组织保障机制，将"三全育人"工作落到实处。

（二）构建师德养成体系

高校一体化育人体系的建设还应着力打造良好的师德养成体系。高校"三全育人"工作贯彻落实需要全体教师的积极配合与以身作则。做好"三全育人"工作，需要教师养成高尚的师德。高校要将教师思想政治建设与职业道德水平摆在同样重要的位置，提高教师思想政治素养、师德修养和作风涵养，完善师德规范，提高教师育人意识、育人能力和育人水平，打造一支有思想、有道德、有能力、有纪律、敢创新的教师队伍，真正把师德养成同"三全育人"融合成一个有机的整体。

（三）高水平的高校思想政治工作体系

高校一体化育人体系实际上就是一个具有更高水平的高校思想政治工作体系。育人体系包括教学体系、学科体系、教材体系、教育管理体系、思想政治工作体系等。加强思想政治工作体系建设，是形成高水平育人体系的重要环节。推进高校"三全育人"工作，就是围绕立德树人的根本任务，将思想道德教育贯穿教育教学的各个环节，建立更加健全、行之有效的高校思想政治工作机制以及协同高效的思想政治工作运行体系。

第二节　"三全育人"的主体

"三全育人"总体目标的实现需要实施主体，主要包括政府、学校、社会、家庭四个主体，分别从宏观、中观、微观三个层面实施"三全育人"一体化育人工作。政府负责统筹全局，提供强大的制度保障，统筹优质育人资源；学校负责搭建主体教育平台；社会负责提供良好的实践和社会资源；家庭作为学校教育的延伸和拓展，形成家庭育人氛围。四大主体协同配合，构成一体化协同育人体系。

一、政府做好教育顶层设计，优化教育资源

道德建设的重点是激发学生内在道德意识、道德意愿和道德情感，树立正确的道德判断，最终指导道德实践，规范个人行为。社会道德建设与价值共识的凝聚息息相关，文以载道、德以载人，政府应充分发挥政治职能和文化职能，通过政策引导、价值引导、文化宣传等方式构建全社会育人氛围。同时，政府应统筹协调全社会优质育人资源，实施育人资源从城市到农村的逐步覆盖，最终形成全面覆盖，为青年一代的成长提供优质的教育资源，创建良好的社会和家庭环境。

二、学校搭建教育主体平台，落实"三全育人"

学校应根据自身实际发展情况不断进行内部组织架构调整与优化，加强内部组织建设，优化组织管理与责任分配，实现学校职能运转体系效率最大化。加强教职工队伍建设，重点关注教师思想政治水平和师德师风建设，健全完善教师评价体系，将思想政治水平、师德师风建设等纳入教师评价体系。优化教职工激励

机制，激发教职工内在完善需求，促进教职工队伍向专业化、高水平化、全面化、高道德化发展。建设育人场域，优化场域硬环境与软环境建设，为学生提供更好的学习体验。

三、社会环境优化，打通实践育人环节

搭建校企工作平台，建立校企联合育人机制，深挖育人层次，拓宽育人范围。充分利用知名校友的榜样效应，建立德育引领机制。强化社会实践，积极参与地方精神文明建设，学校牵头带动学生积极参与各种社会志愿活动，建立社会文化主推机制，营造良好的整体社会文化氛围，提高社会文明程度，进而提升高校育人成效。学校应善于借助社会媒体的力量，创新育人宣传机制，加大对育人理念、育人模式的宣传力度，引起学生、家庭和社会的广泛关注，促进高校一体育人体系的建设。

四、家庭教育完善，形成家庭育人氛围

尽管我们已经充分意识到家庭教育的重要性，但由于现实原因，部分学生存在家庭教育缺失或家庭教育不足的情况，这也是造成大学生心理承受能力差、自我调节能力不强、心理问题频出的主要原因之一。父母是孩子的第一任老师，家庭教育会对学生的一生产生深远又深刻的影响。政府应加大对家庭教育的帮扶与指导，协调育人资源，帮助家长办好家庭教育课堂；学校与家庭建立教育联通机制，最终促进家庭育人氛围的形成。

第三节 "三全育人"的内容

"三全育人"是新时代的教育思想，坚持中国特色社会主义教育的教育理念，将知识体系与思想政治教育相融合，坚持辩证统一的原则，对思想政治的教育工作进行准确定位，将学生的成长与进步作为高校教育工作的初始，对学生思想政治教育、道德法纪教育、心理健康教育、专业知识教育和实践技能教育资源进行糅合，这就形成了"三全育人"的主要内容。

一、思想政治教育

在"三全育人"中，思想政治教育是第一位的。在党的十八大报告中，明确地

指出了"实现高校的内涵式发展",并在学校思想政治理论课教师座谈会上,明确地指出了"推动思政课建设内涵式发展",这说明了在新的时期,对教育的发展提出了新的时代要求。内涵式发展,着重于结构优化、质量提升、实力增强,它是一个比较自然的发展进程,更多地是从内部需要而来。高校思想政治工作的内涵发展要以中国特色社会主义思想为指引,要在"精神活力"和"教书育人"之间寻找一条新路,要把一支理想信念坚定、政治素质过硬、理论知识根基扎实的人才队伍打造成祖国建设的中坚力量。

(一)思想政治教育要坚持立德树人的教育方针

立德树人既是我国的教育政策,又是教育的基本目标,因此,思想政治教育的教育目标、教育内容、教育任务等,都要以我国的国情为基础,根据我国的政治、经济、社会、文化等特点,进行科学地制订。思想政治工作的开展,不能离开实际的社会环境,要看清当前的社会对人才的需要状况,对当前的人才状况进行全面的剖析,在确保不背离"立德树人"原则的基础上,及时、合理、有预见性地制订教育的方案,并有计划地进行实施,坚决防止与社会实际情况脱节,甚至产生矛盾。为此,必须立足于我们国家的国情,确立"三全育人"的理念,这一理念就是针对当前高校学生思想政治工作实效的困境,以及新时期高校学生道德工作的发展趋势制定的。"三全育人"是一种从教育实际出发,以教育中出现的问题为中心,以实践为导向的新型德育教育模式,是一种与"以人为本"的育人理念相一致的、适应于当今社会发展需要的、具有普遍性的、可持续发展的德育教育模式。所以,要实现"立德树人"的目标,首先要实现的就是对教育中出现的矛盾问题进行协调统一,才能促进思想政治教育的顺利发展。

(二)思想政治教育要与时代精神相融合

思想政治教育的内容指的是在特定的社会环境中,教育者有目的、有计划、有组织地向受教育者传达的一种有时代精神和价值的政治观点和道德准则等。在高校的教学中,教学过程要始终体现时代的精神,要不断地反映现实的问题和特征。在"五位一体"的总体规划中,十九大报告又提出了"美丽"这个社会主义建设标准,在将我国建设成为"富强、民主、文明、和谐"的基础上,还要重视"美丽中国"的建设与发展建设。在十九届五中全会上,明确提出在"十四五"时期,在全国范围内,普遍形成了绿色的生产和生活方式,碳排放达峰后稳定下降,生态环境得到了根本性的改善,建设美丽中国的目标要基本完成。在新时代的思想政治教育中，要把生态文明、物质文明和精神文明放在一起，把"绿水青山就是金山银山"作为自己的奋斗目标，把时代精神发扬光大，为实现"美丽中国"作出贡献。

（三）思想政治教育要与国情特色相结合

思想政治教育是教育者帮助受教育者形成与一定社会、一定阶级需要相适应的思想道德品质的社会实践，体现了思想政治教育内容的阶级性和方向性特征。马克思主义特别是中国化的马克思主义不仅是思想政治教育的基本内容，也是思想政治教育的基本思想和理论基础。围绕"坚持和发展什么样的中国特色社会主义、怎样坚持和发展中国特色社会主义"这个时代主题，形成的新时代中国特色社会主义思想是马克思主义中国化的最新成果，深入学习贯彻新时代中国特色社会主义思想，是全党全国的首要政治任务。思想政治教育工作者要不断用新时代中国特色社会主义思想造魂育人，推动新时代中国特色社会主义思想进课堂、进教材，把社会主义思想转化高校思想政治教育思想。将新时代中国特色教育思想融入学生的实践活动中，进一步增强"四个意识"、坚定"四个自信"、实现"两个维护"。

（四）思想政治教育要发挥高校地方优势

高校思想政治教材体现了国家统一的人才培养要求，由于教材容量有限，很多教育资源无法整合，没有得到充分利用。按照国家对人才培养提出的新要求，高校要结合地方特色和学校特点，充分利用思想政治课教材这一最重要的课程资源，与师生共同开发符合地方和学校特色的资源课程。从教育内容入手，注重教学与思想政治教育的衔接。

（五）思想政治教育要符合当代青年特点

大学生的思想尚未完全成熟，人生观、价值观、世界观也尚未完全定形，人格的可塑性还很强，容易受到社会环境的影响，但是这些无意识的影响与学校教育是相冲突的，与家庭教育的观念也不一致，社会教育、家庭教育和学校教育三者之间严重缺乏协调，由此造成了思想政治教育的实效性不高。立足立德树人的思想政治理念，高校"三全育人"的育人模式提倡发挥所有思想政治形态的力量，拓展德育途径，整合学校、家庭、社会三个方面的思想政治形态资源，在思想政治教育的强大合力下，实现对大学生意识形态的显性与隐性双重作用，对大学生

意识形态进行全面渗透，做到人人都是老师，处处都是课堂，提高思想政治教育的实效性。

二、道德法纪教育

道德法纪教育是高校"三全育人"工作中不可缺少的部分，是高校"立德树人"工作中的重点，是高校德育工作在新形势下的基本任务。加强大学生法纪教育的培养，是全面贯彻党的教育方针的必然要求。这不仅有助于培养学生遵守社会规范和法律法规的意识，还能够提高学生的道德素养和法治素质。通过加强大学生法纪教育的培养，可以让他们深入了解党的教育方针，进一步强化立德树人的根本任务，培养他们成为德才兼备的社会主义建设者和接班人。要大力推进依法治国，推动科学立法、严格执法、公正司法、全面守法，加强对全民的法制教育，建立起在法律面前人人平等的法制观念。

强化大学生的法纪教育不仅仅是教育引导的问题，更是要通过实践养成和制度保障的方式来确保其有效性。只有通过在大学生的日常行为中贯彻社会主义核心价值观，才能真正使他们对这些价值观产生情感认同，并将其转化为自己的行为习惯。大学生作为民族复兴的时代新人，肩负着重大的历史使命。因此，加强他们的思想道德建设尤为重要。作为祖国未来的接班人，大学生的思想政治素质的提高意义重大且深远。只有通过加强和改进大学生的思想政治道德建设，我们才能将他们培养成为具有中国特色的社会主义建设者和接班人。这对于实现中国梦具有重要而深远的意义。因此，我们要加强大学生的法纪教育，确保他们在行为上能够践行社会主义核心价值观，将其内化为自己的信念和行为准则。只有这样，我们才能培养出一代又一代的优秀大学生，为实现中国梦作出积极的贡献。

加强对大学生的法制教育，是促进社会发展、促进个体成长的先决条件。促进学生的全面发展是教育的最终目的，而对大学生进行法律法规教育，是促进其全面发展必不可少的一部分。在大学的教育中，应该既要注重提高学生的专业技能，又要强化他们的沟通能力，还需要对他们的创新创业能力进行重点培养。同时，也要对学生在日常生活中的言行举止、遵守规章制度以及遵纪守法的素质进行重视。只有人的全面发展，才能促进社会的整体发展，从而把精神文明建设推向新的高度。

（一）构建四位一体的法纪教育平台

大学生的成长成才不仅仅依赖于社会、家庭和学校的培养，还需要加强法纪教育。唯有社会、家庭、学校和学生本人四者共同参与，建立一个"社会一家庭一学校一本人"的法纪教育平台，才能有效强化大学生对法纪的理解和认识。在这个平台上，社会应该提供丰富多样的法纪教育资源，为大学生提供实践机会和法律参与的平台，以增强他们的法律意识。家庭应该从小培养孩子们的法纪观念和遵纪守法的习惯，将守法的理念融入到日常生活中。学校则应该通过法律课程的设置和法律教育活动的开展，增强学生对法律的认识和理解。而学生本人则要从内心树立起法律意识和遵纪守法的自觉性，积极参与法律学习和实践活动，以成为遵纪守法的模范大学生。只有社会、家庭、学校和学生本人共同努力，构建起一个有机的法纪教育平台，我们才能够培养出更多遵纪守法、知法守法的大学生，为社会的和谐稳定做出积极的贡献

（二）依法建立健全学校各项规章制度

《大学生守则》是各高校依据国家有关法律和规定，对学生进行管理和约束的规定，每个同学都应严格遵循，做到知行合一，成为一个称职的大学生。但是，新时期的大学生因其独特的人格特征，难免会有"夜不归宿"和"考试作弊"等违反校规的现象，这种现象若持续下去，极易养成恶劣的习惯，从而造成其遵纪守法意识的缺失。所以，要实现党的教育方针，立足于学生的全面发展，要建立全员、全过程、全方位的育人体系，该制度应从对学生的日常管理着手，杜绝不良行为的发生，使学生养成遵守法规、遵守法规、遵守纪律的思想，并对学校进行"无死角"的学生教育，使学生在任何时候都能得到更好的发展。

（三）拓宽大学生法律教育的渠道

随着社会的发展和进步，法律意识的培养变得越来越重要。而大学生是国家未来的栋梁之材，他们的法律意识的培养更是至关重要。然而，在现实生活中，大学生的法律教育渠道相对较窄，需要进一步拓宽。首先，可以通过课堂教育来进行法律知识的传授。学校可以增加法律课程的设置，让学生在学习的过程中了解法律的基本知识和法律体系的运行机制。此外，可以借助互联网和现代化的教学手段，开设在线法律课程，让学生可以随时随地进行学习。另外，可以邀请法律专家和律师来学校进行讲座和讨论，与学生们互动交流，增加他们对法律问题的认识和理解。此外，可以组织模拟法庭和法律实践活动，让学生亲身体验和参与法律的实际操作，提高他们的法律素养。总之，拓宽大学生法律教育的渠道对于培养大学生的法律意识和素养具有重要意义。通过加强课堂教育、开展专业讲

座和实践活动，以及全社会的共同努力，我们可以为大学生提供更多的法律教育资源，使他们成为具有法律素养的优秀人才，为国家的发展做出贡献。

（四）建设高校周边良好法制环境

作为人才培养基地的大学，在构建和谐校园的过程中，要加强与地方政府的合作，加强对大学的管理。构建校园周边和谐社会，既要依靠学校自身，也要依靠公安、税务、工商等部门的共同努力。此外，为了适应建设和谐社会的要求，各大学均配备了专职警务人员，如果学生出了什么事，警务人员肯定会第一时间赶来。此外，还要在大学生中进行网络安全教育，提高他们的网络责任意识，对各类不实信息进行有效防范，积极倡导健康的网络文化。这样，就可以在网络中自觉地抵抗各类不良信息的侵袭，做一个"慎独"的网友。

（五）营造健康向上的校园文化生活

为了适应当今社会的多元化发展，学校将开展一系列的人文素质讲座，以帮助学生深入了解各种社会思潮的本质和核心价值，从而不再被它们表面的新奇所迷惑。通过这些讲座，学生将能够全面了解这些思潮所代表的思想和诉求，从而更好地理解社会的发展和变化。为了丰富校园文化生活，学校将注重引入丰富多样的经典文化和文化形式。这些积极健康的文化活动将满足大学生不断增长的求知欲望，让他们更加深入地了解各种文化形式和传统，从而提升他们的文化素养。学校还将积极培育大学生的人文精神和关怀理念。通过开展各种集体活动，让学生感受到集体的力量和温暖，形成关爱他人、关心集体的良好氛围。这样的氛围将进一步加强学生的社会责任感和团队合作能力，培养他们成为有担当、有情怀的人才。通过这些措施，学校将为学生提供更全面的教育和发展机会，帮助他们在知识和素质上得到更好的提升，为未来的社会发展做出更大的贡献。在大学生中开展传统美德教育，以"己所不欲，勿施于人"的换位思考理念推动大学生构建和谐的人际关系。同时，注重培养大学生的做人境界，提高他们的做事能力。引导大学生树立合理的消费理念，塑造正确的价值观和荣辱观。通过加大宣传力度和拓展宣传空间，积极倡导理性消费和节俭消费，及时纠正存在的不良消费倾向和错误认识。通过学习先进人物的故事和反面教材，帮助大学生深刻理解人生价值的真正含义，从而建立自己的精神世界。

三、心理健康教育

在高校"三全育人"过程中，大学生的心理健康教育工作是一个不可缺少的组成部分。在这一点上，教育部指出，要"培养一种自尊自信，理性平和，积极向上的社会心态。"当前，高校大学生的心理健康状况呈现出明显的下滑趋势，不同时期大学生的心理健康状况有明显的不同。目前，高校大学生普遍存在着一些比较突出的心理问题，如抑郁、焦虑等。高校大学生的心理辅导次数增多，潜在的危机事件增多。这也是导致大学生心理健康水平降低的一个主要因素。

大学生的心理健康教育是高校思想政治工作中不可缺少的一部分，也是"三全育人"的关键。通过对心理健康教育工作的科学考察，我们发现，在心理健康教育中，缺乏育人的理念，也就是说，目前的大学生心理健康教育中，还存在着对学生主体关注不够，对主体认识不够，缺乏过程教育，缺乏诚信教育等问题。构建全面、全过程、全方位的组织系统、综合监测实践体系和全方位相融的方法体系等关键内容，既是对教学模式创新发展进行的一次有效的探索，也是对大学生心理健康教育建设的一项重要内容。

（一）大学生心理健康教育是推进"三全育人"综合改革的有效载体

"三全育人"的教育理念在 20 世纪 80 年代开始兴起。然而，经过 2005 年全国加强和改进大学生思想政治教育工作会议的提出，这一教育理念得以正式确认。随着党的十九大的召开，教育工作者们积极将新时代中国特色社会主义思想融入到教育工作中，为"三全育人"注入了新的时代内涵。同时，各级教育主管部门也纷纷开展了"三全育人"综合改革试点工作，旨在从不同层面构建一个综合的育人体系。在这个过程中，大学生心理健康教育起到了重要作用。作为思想政治工作质量提升工程中的"心理育人"具体抓手和有效载体，它不仅促进了思想与道德的培养，也是全面推进"三全育人"综合改革的有益探索。因此，大学生心理健康教育在整体学校管理和教学环节中，扮演着不可或缺的角色，为培养全面发展的人才提供了重要的资源和力量。

（二）"三全育人"理念为新时代大学生心理健康教育提供理论指导

"三全育人"观念从上个世纪 50 年代就有了雏形，并在 21 世纪初逐步走向了成熟和完善，它有效地引导着高校的思想政治工作走向，勾勒出了一幅美好的蓝图。在新时期，"三全育人"理念在大学生心理健康教育中也有着举足轻重的作用，在此基础上，提出了新时期大学生心理健康教育理念。

（三）"三全育人"的全员性增强大学生心理健康教育主体力量

首先，从整体上分析，目前高校学生的心理健康教育中，还存在着一些主体参与不够，发力不足等问题。例如，在高校的心理健康教育工作中，家庭教育的主体往往都存在着许多的缺位。家庭是大学生成长的最初之地，也是塑造大学生优秀个性的主要地方。在大学生的心理健康教育工作中，家庭教育的主体作用不容忽视。但是，在过去的一段时间里，受应试教育的影响，很多父母仅仅重视子女的学业成就，他们更是一厢情愿的以为自己能够给孩子提供的生存环境就足够了，对于大学生的情感和心理状态缺乏足够的重视。当大学生出现心理问题后，家长只会拒绝沟通，互相推诿责任等，这种不负责任的现象屡见不鲜。

此外，就整体的组织运行而言，目前的大学生心理健康教育还面临一些不足之处。尤其是在全员参与育人的方面，主体之间的协调还不够充分，工作推进也存在不平衡的情况。例如，家庭教育和学校教育之间尚未建立起围绕学生全面发展这一最终目标的心理健康教育协同机制。有些家长在孩子出现心理问题时，意识不到问题的严重性、干预行动不及时、配合度不够积极。此外，目前缺失了一种多频度、常态化、系统性的多主体联动机制，这是当前大学生心理健康教育面临的突出问题之一。

（四）"三全育人"的全程性强化大学生心理健康教育覆盖面

作为思想政治教育的重要组成部分，大学生心理健康教育本质上是为了培养学生的人格和心理素质。与其说它是一种外在的强制力量，不如说它是在帮助学生发现和实现自己的内在潜能。因此，大学生心理健康教育不应该只是一些零散的教学点，而应该贯穿于整个教育过程，形成一个有机的整体。目前，大多数高校的心理健康教育工作通常只注重新生入学至毕业离校的时期，而忽视了学生在入学前的心理发展历程以及毕业后的跟踪服务。此外，由于中学心理健康档案获取困难以及对一些重点个案的跟踪不足，也导致了当前心理健康教育工作的全面性缺失。特别是在大学生心理健康教育方面，它更多地被视为一项业务性工作，而尚未真正融入思想政治教育的全过程。因此，心理健康教育仍然没有被真正纳入学校人才培养体系中，作为一门必修课程长期服务学生的心理成长。

（五）"三全育人"的系统性完善大学生心理健康教育方法

全方位育人作为"三全育人"理念的一部分，涵盖了理论与实践、线上与线下、课内与课外等多个方面。然而，在当前的大学生心理健康教育工作中，我们发现不同的教育主体在不同层面上的实施过程中，仍然存在着载体方法的融合性和系统性兼顾不够的问题。就家庭教育而言，往往只关注表面的交流是否顺畅、学生情绪是否低落等表面因素，而忽略了更深层次的心理健康状况评估。而学校教育主体则在更宏观的层面上审视大学生心理健康教育的整体格局，但在细节方面仍存在一些问题和不足。例如，在教育教学方面，科研成果未能充分应用于教学实践，课堂教学与培养学生目标的匹配性不强，这些问题仍然十分明显。在咨询服务和预防干预方面，存在一些较为传统的方式和方法。这些方法更依赖于线下资源的运用，对于线上平台的创新能力不足。同时，它们还未能将大学生喜闻乐见的元素和媒介有效地融入和应用于心理健康教育中。由此可见，对于心理健康教育全方位育人的研究仍有待加强，目前尚不能完全满足现实需求。因此，在构建大学生心理健康教育模式时，我们需要在实践维度上寻求创新，包括平台和载体的创新。我们也需要在理论层面上突破学科和专业的限制。这意味着我们应该以思想政治教育理论为基础，将心理健康教育实践作为研究内容。同时，我们还应该在心理学科和思想政治教育学科中有序地渗透和有机融合，以便揭示全方位育人的发展规律。这样做，我们将能够为进一步解决全方位育人工作中遇到的问题提供有效的支持。

四、专业知识教育

专业知识教育是大学教育中的重要组成部分，主要通过专业理论课程来进行。作为"三全育人"的重要内容之一，专业知识教育旨在实现高校的立德树人任务。在立德树人中，强调以德育为先，通过引导和激励学生践行社会主义核心价值观来培养他们的道德品质。同时，也要坚持以育人为本，通过专业教育的培养和提高，塑造当代大学生的综合素质。专业知识教育是高校教育中不可或缺的一部分，它通过课程教学来实现立德树人任务，培养学生的综合素质和专业能力。在实施专业知识教育过程中，我们需要充分发挥课堂教学的作用，确保各门课程与思想政治理论课的协同效应。同时，也要注重知识传授和价值引领的双轨并行，构建以专业知识为主体的课程教学体系，以提升学生的家国情怀、科学文化素养和科学思维方法。

（一）加强理论教学工作师资建设

在教育教学中，教师一直起到十分重要的主导作用。尤其在理论教学过程中，提高师资力量，不仅可以提高教师的课堂授课水平，同时对学生能力的提高和科研技术的提高有着十分重要的意义。在理论培训课程中引进和培养一支专业的教育教师队伍，合理配置师资资源，形成更加合理的师资结构层次，使教师在提高自身素质的同时，提高学生对课堂知识的吸收和理解。

（二）积极倡导教学模式创新

在传统的教学中，老师们总是采用枯燥的说教式和板书式的方式，这使得学生在课堂上难以提高自己的学习兴趣，从而造成了他们在课堂上的参与程度严重下降。伴随着科学技术的不断发展，采用了互动教学、多媒体教学及仿真教学等新型教学方式，能够显著地提高学生的课堂学习兴趣，让他们能够完全地参与到课堂的理论学习中，进而也让理论教学的层次得到了进一步的提升。

（三）建立科学的综合考核评价体系

在传统的教学方式下，分数是每个人全面素质的反映，是每个人在教学过程中必须面对的问题。这种考试方法和对学生的评价指标有很大的问题，过分注重分数，造成了学生的自信心不足，影响了他们的整体素质。为了更好的提升学生的整体素质，应该把学生的实践能力训练放在教学的关键环节上，采用更为灵活的考核和评估标准，把理论、模拟和教学设计结合起来，对实践等多方面指标进行全面考虑，最终构建出一套适合于大多数学生的成熟的考核方案，进而起到提升学生综合能力的效果。要将思想政治教育的主要内容贯穿起来，对思想政治工作的地位进行科学地理解和掌握，构建起一个多元多层、科学高效的思想政治工作测评指标体系，形成包含过程评价和结果评价两个方面内容的全面实施机制。

五、实践技能教育

学生的专业理论综合素质和实践创新能力的提升是教育的重要目标。在实践技能教育方面，我们通过将课程知识与实践有机结合，逐步培养学生的爱国主义、哲学辩证思想、认识发展观、科学素养、品格意志力、社会规则秩序和安全意识等七个育人思想。这样的教育模式不仅能够提高学生的理论水平，更能够培养出具备实践能力的创新人才。

(一)改善实践教学工作的建设

企业教学基地的建设对于解决高校实践教学存在的问题具有重要意义。目前,许多高校在实践操作能力培养方面存在短板,学生的实践操作能力仅仅停留在实验课程中,缺乏对工厂、车间等实际生产环境的深入了解。因此,建设企业教学基地成为了解决这一问题的最佳方案。通过与企业共同合作建设教学基地,高校可以将实践教学阶段的课程放在基地进行,使学生有机会深入到真实的工厂环境中学习。这样的培养方式可以极大地提升学生的综合能力,使他们能够将理论知识与实际操作相结合,真正掌握实践技能。与此同时,教学基地的建设也为企业存在的技术问题提供了解决途径。高校平台可以成为企业技术问题的研究和解决中心,通过学校的专业知识和教学资源,为企业提供技术支持和解决方案。这样的合作模式不仅有助于解决企业的问题,还为高校提供了实践导向的教学环境和教学资源。此外,企业教学基地的建设也为校企间的技术转化提供了更加完善的合作平台。通过教学基地的建设,高校和企业可以更加紧密地合作,实现技术转化和产学研结合,为社会经济发展提供更多的技术支持和人才培养。总之,建设企业教学基地是解决高校实践教学短板的最佳方案。通过与企业共创的方式,可以有效提升学生的实践操作能力,促进理论与实际的充分结合,为学校的培养模式和企业的问题解决、人才招聘提供更合理的解决途径。同时,为校企间的技术转化提供更加完善的合作平台,推动社会经济的发展。

(二)提高实验室和实验设备的安全使用率

目前,大学的重点实验室、大型实验装备等在基础教学环节中严重缺乏,造成了大量的资源浪费,因此,大学应该积极引导学生参加科学研究,加强对重大实验装备的研究,学校应配备专门的老师以及设备的工程师,对学生进行系统的教学,以提升设备的利用率,强化了设备的安全性。大学生在完成课程后,考核合格后就可以在校外的学术研究中,利用大规模的测试仪器进行实验,从而极大地提高学生的实验操作能力。高校要针对各种实验场所制定标准化的管理制度,建立起一套完善的安全制度,并对实验场所中存在的一些潜在的安全隐患进行深入的剖析,在学生开始实验之前,对他们进行相应的安全教育。同时在学生进行试验的过程中,要对学生的安全保护工作进行监督,要对有害的仪器、有害的试剂等实行统一管理,以保障学生在实际操作过程中的安全,防止出现任何的安全事故。

（三）积极鼓励科研创新培养综合能力

在实践教学中，实践和教学两个部分相互结合。为了更好地实现生产与科研的一体化，培养学生的实践创新能力，我们可以采取多种策略。首先，鼓励学生参与教师科研项目，并支持他们申请各类项目和参加各项竞赛。通过这样的方式，学生可以最大限度地提高自主创新和自主学习能力。此外，我们还可以通过参加国内技术技能大赛来促进学生的发展。在参赛过程中，学生将有机会学习并熟练使用各种专业模拟软件，如 CAD、AspenPlus、3DMAX、AIMStudio 等。这样的学习不仅能够丰富学生的课余生活，还能够增加他们的知识储备和提高软件操作能力，对于提高学生的综合能力非常重要。同样重要的是，学生参与教师科研项目的实验操作可以帮助他们更好地理解课堂上学到的知识，并提升他们的动手能力。这样，学生们在未来的工作中就能够快速适应工作岗位的要求。

高技术人才的培养已成为当前国家教育工作中的一个重大课题。在学校的教学中，更加重视对学生的基础技能和实际操作能力的培养，同时也要加强对他们的社会实践能力和创新能力的培养，让他们可以更好地把课堂和书本上学到的知识运用到公司的本职工作和日常生活中去。但是，最近几年，在学校的教育教学方式和手段方面，面临着很大的挑战。比如，学生们所学习的专业，往往是比较枯燥、复杂的，并且还伴随着很高的危险性。与此同时，当他们毕业或者进入企业之后，往往不能很好地完成他们的社会实践工作，这对他们的工作造成了很大的影响。自"核心素养"提出之后，该问题已逐渐得到了有效的改善，与此同时，学校也越来越重视对学生的社会实践能力的培养，在课程设置上，将理论性的学习和实际操作的学习有机地融合在一起，有效提升了学生的整体素养。

第四节　"三全育人"的载体

"三全育人"目标的实现和内容的落实必须依靠具体的实践载体。为此，教育部在 2017 年 12 月 6 日印发了《高校思想政治工作质量提升工程实施纲要》，该纲要首次提出充分发挥课程、科学研究、实践、文化、网络、心理、管理、服务、资助、组织等方面的育人体系，以实现"三全育人"的目标。具体来说，通过充分完善人才培养机制、充分挖掘人才培养要素、充分优化考核激励机制，以及充分强化措施实施保障等措施，可以高效构建十大育人体系，使人才培训体系成为育人工作的主要载体。这样一来，高校能够更好地实现"三全育人"的目标，为培养全面发展的人才提供了坚实的基础。

一、统筹推进课程育人

在教学过程中应坚持"以人为本"的原则，不断深化教学改革，不断完善教学内容，不断提高教学质量。要健全教育计划，强化教学管理，对每一门专业课程中所包含的思想政治教育元素和它们所发挥的作用进行整理，并将它们整合到教学中的每一个环节中，要使思想政治工作和知识化工作相结合。全面加强新时代中国特色社会主义思想在教材、课堂、思想和心灵的渗透，积极推进"四史"教育的深入开展。优化课程管理、课程标准和课程评价体系，采取众多创新措施来完善现有教育体系。此外，还将引入先进的课程体系和大学教育教学创新计划，以推动哲学社会科学课程向全体学生开放。通过这些举措，学生的思想品德、人文素养和认知能力将得到进一步提高，从而实现思政教育体系的进一步创新。

高等教育的思想政治方面，需要通过不同的措施来加以构建。可以通过梳理各类专业教材，将马克思主义理论研究和建设工程教材、思想政治理论课统编教材编写修订等纳入理论课程体系中。同时，还需要推进课程育人指导意见的研制，以充分挖掘和发挥课程育人在思想政治教育中的主体作用。此外，还应健全课程育人的管理和运行体制，将课程育人作为教师开展思想政治工作的重要环节，以及教学督导和教师绩效考核的重要方面。为了加强教材使用和课堂教学管理，可以建立哲学社会科学专业核心课程教材目录，并研制引进教材选用管理办法。此外，还可制定国家优秀教材评选奖励制度，以激励教材的质量和水平提升。同时，还需制定大学课堂教学管理指导意见，明确课堂教学的纪律要求，确保教学过程的规范和有序。除此之外，还需要培育选树一批"学科育人示范课程"，以展示和推广高质量的思政课程。同时，建立一批"课程思政研究中心"，以促进课程思政理论研究、教学方法研究和教学资源研发的深入和发展。通过上述措施的实施，可以全面提升高等教育思想政治方面的质量和水平，为培养德智体美劳全面发展的社会主义建设者和接班人做出积极贡献。

二、着力加强科研育人

发挥科研育人功能，优化科研环节和程序，改进学术评价方法，促进研究成果的转化应用。引导教师和学生树立正确的政治方向和价值取向，培养师生具备至诚报国的理想追求，敢为人先的科学精神，开拓创新的进取意识以及严谨求实的科研作风。

完善科研评价标准，确保科研成果的质量和影响力，提高科研经费的使用效益。同时，加强与产业界的合作，推动科研成果向实际应用转化，并推动学术界与产业界的深度融合，为社会发展做出更大的贡献。通过这些措施，科研工作能够真正发挥其育人功能，培养出具有创新精神和实践能力的高素质人才。在进入科研环节和程序时，应该将思想价值引领贯穿于选题设计、科研立项、项目研究、成果运用的全过程。同时，将思想政治表现作为组建科研团队的底线要求。为此，需要完善科研评价标准，改进学术评价方法，以便更好地体现具有中国特色的学术评价标准和科研成果评价办法。另外，还需要构建集教育、预防、监督、惩治于一体的学术诚信体系，以遏制学术研究和科研成果不良倾向的发生。同时，应组织编写师生学术规范与学术道德读本，以指导本科生并在研究生中开设相关专题讲座和公选课程，以提升他们的学术水平和道德修养。完善优秀成果评选推广机制，以助国家与区域经济发展，并推动整个社会的思想文化建设。着重培养师生的科学精神和创新意识，执行科研创新团队培育支持计划、科教协同育人计划、产学研合作协同育人计划等项目，引导师生积极参与科技创新团队和科研创新训练，及时了解科技前沿动态，培养集体攻关、联合攻坚的团队精神和协作意识。加大对学术名家和优秀学术团队先进事迹的宣传教育力度，大力培养黄大年式教师团队，同时选树一些科研育人示范项目和示范团队。

三、稳步促进实践育人

秉持理论教育与实践养成相结合的原则，整合各类实践资源，加强项目管理，丰富实践内容，并不断创新实践形式。同时，拓展实践平台，完善支持机制，以教育引导师生在亲身参与中不断提升实践能力，培养他们树立家国情怀的意识。通过这样的措施，为师生提供更加丰富、多样化的实践机会，促使他们在实践中不断成长、不断发展。

整合优质实践资源，扩大实践平台的覆盖范围，在高新技术开发区、大学科技园、城市社区、农村乡镇、工矿企业、爱国主义教育场所等地基础上，建立多样化的社会实践和创业实习基地。丰富实践内容，创新实践形式，积极展开社会调查、生产劳动、社会公益、志愿服务、科技发明、勤工助学等社会实践活动。同时，深入开展大学生暑期"三下乡""志愿服务西部计划"等具有传统经典意义的项目，组织实施"牢记时代使命，书写人生华章""百万师生重走复兴之路"、"百万师生'一带一路'社会实践专项行动"等符合新时代要求的社会实践精品项目，并探索师生志愿服务评价认证的方法。进一步推进实践教学改革，制定分类的实践教学标准，适度提高实践教学比重，要求哲学社会科学类专业实践教学占总学分(学时)的 15％以上，理工农医类专业不低于 25％。

需要强化对大学生创新思维的培训及鼓励大学生的自主探索行为，因此有必要设计特定的课程并且优化其内容体系。要有效地提升学生的创造力，推行"大学生创新创业训练计划"，大力支持学生创新创业教育项目，给予更多的平台和服务设施的支持。与此同时建立更有效的运行机制让理论课的学习和社会实务活动的经历能相互结合起来从而达到更好的效果。这样可以把各种不同的学习方式整合在一起打造出一种新的模式，政府进行统筹规划、稳步推进、社会进行广泛参与。校内也要建立"实践教育合作制度"，并且要建设相关基地进行实践培养。这些基地将成为学生实践能力培养的典范和创新创业思维的孵化器，为学生提供实践机会和指导资源，同时也将吸引更多社会资源的投入和支持。总之，加强创新创业教育是提高学生综合能力和培养创新创业人才的重要途径。通过开发专门课程、完善支持机制以及培育建设示范基地等措施，为学生提供更好的创新创业教育环境，激发他们的创造力和创业精神，为社会的发展和进步做出贡献。

四、深入推进文化育人

通过强化对中华优秀传统文化和马克思主义理论的学习来加强高等教育的指导作用。此外，在校园内实践与传播社会的主流价值观念——如爱国爱民等理念；持续改进学校的教学氛围及学生的行为习惯；丰富学校的生活方式及其所蕴含的精神内涵；营造出和谐友善的环境能够更好地培养老师与学生的道德品质和人格修养，并且能进一步引领整个社会走向和谐稳定的正轨。

为更好的推行文化育人，高校要充分挖掘利用中华优秀传统文化，推行"中华经典诵读工程""中国传统节日振兴工程"，如举办"礼敬中华优秀传统文化"及"戏曲进校园"等各类文化推广活动，呈现一系列传统与艺术融合的教育成果，创建一些文化传承中心，引领高级艺术、无形文化和少数民族民间优美的文化走进学生的生活中。还要充分利用中国革命文化，透过深度理解革命文化的育人含义，实行"革命文化教育资源库建设工程"，举行如"传承红色基因、担当复兴重任"主题教育活动，创作传播革命精神的剧本、歌曲、舞蹈和包含有革命文化元素的网络内容等，积极运用重要的纪念日和关键性的文化设施来举办富有革命文化教育价值的活动。另外，也要注重社会主义进步文化的教导工作，鼓励大学生参加社会主义核心价值观主题教育活动。如筛选推出社会主义核心价值观教育教学的典范例子，评选实践社会主义核心价值观的杰出人物并进行宣扬等。这些举措将推动我国社会主义文化建设，进一步培养出高素质、有社会责任感的人才。积极推动校园文化的繁荣发展是当前高校教育的重要任务之一。为达到此目的，我们必须积极推动学校文化的创新发展，深入研究和发掘校史、校风、校训和校歌等文化要素对教育的影响力，并进一步推行"一校一品"的校园文化建设理念，以引导每个学校塑造出具有独特魅力的校园文化。

为增强学校文化的渗透性和影响力，有些地区推行诸如"高校原创文化经典推广行动计划"，大力鼓励教师与学生创作，如歌剧、舞蹈、音乐及电影等各类艺术佳作，并期望它们能在更大的受众群中得到普及和宣传。同时，广泛开展以"我的中国梦"为主题的教育活动，以此激励和引导广大师生树立远大理想和崇高目标。挑选出一些优秀的大学校园文化的成果以供展示，这有助于激励更多院校投身于校园文化的发展之中。对于校园设施的构建上，强调对校园的美化工作，并且发布了关于各高校卓越人文建筑和自然景点的清单，旨在推动校园内的山水、园林、道路、院馆等建筑物的建设能够实现其实用性、美观性和教育的融合。此外，高校也应积极推广文明学校的建立，力求获得"全国文明校园"的荣誉头衔，使我们的高校能被打造成社会主义的精神文明的高峰，从而为学生们创造一个优质的学习与生活空间。通过这些努力，高校的校园文化将得到进一步提升，为培养优秀人才做出更大贡献。

各高校可凝练具有本校特色的文化体系，打造文化传承高地，助力育人效果提升。如山东交通职业学院构建以"大道文化"为核心的文化育人体系，走出了一条"专业聚'交'、大'道'育人"的特色人才培养道路。"大道"之"大"，学校胸怀国之大者，坚守为党育人、为国育才的初心；教师心有大我，当好学生引路人，争做"四有"好老师；学生可堪大用，做能担重任的栋梁之材。"大道"之"道"，是立德树人的"道理"、行业专业的"道桥"、职业教育的"道行"、人才成长的"道路"。学校以培养学生"德智体美劳"全面发展和教师"德能勤绩廉"综合提升为目标，以文化传承、融合、创新丰富内涵，以"无形"精神浸润、"有形"物质熏陶、"至简"制度规范、"至远"行为实践，形成特色鲜明的"大道文化"育人体系。以"无形"精神浸润，凝练"一训三风"，坚定文化自信，为此打造了校内外立体化协同育人联盟，在主渠道、拓展渠道和实践渠道中，贯穿融入交通文化育人特征，建立了"共商 共建 共治 共享"协同育人联动机制，建立了学生成长和教师发展测评体系，形成了"双主体，三贯通，四联动"的文化育人模式；以"有形"物质熏陶，打造文化校园，培养文化认同，主要通过校企共建、引企入校、实景复制等方式系统设计，将"大道文化"融入校园环境，通过"一点三功能"人文景观进校园，强化价值引领，"一楼一景观"行业景观进楼宇，增强职业认同，"一系一特色"专业景观进场所，提高职业素养，"一网多融合"育人资源进网络，提升综合素养，形成了"四域联通"全方位育人环境；"至简"制度规范，引领三大制度体系，实现文化自强，为此构建党委领导下的治理制度体系、章程统领下的管理制度体系、高效运行的执行制度体系，配套调整机制、诊改机制，强化价值认同，创新了文化引领的学校治理模式，推动文化治校，实现文化强校；"至远"行为实践，融合育人路径，践行文化自觉，主要是通过课堂释惑、实践躬行、社会感悟、网络浸润，塑造"精技之路""心航之路""创新之路"育人路径，践行"志于道 精于业"学风，培养"德技并修"交通匠才；塑造"先锋之路""决胜之路""匠心之路"育人路径，践行"施仁爱 育匠才"教风，培育"德艺双馨"交通匠师，形成了以"路"为代表的育人子品牌，打造了"双元融合，六路融通"的师生发展共同体。

五、创新推动网络育人

在积极推动网络教育的过程中，我们需要加强对校园网络文化的构建和管理。通过扩大网络平台，可以为师生提供更加丰富多元化的网络资源，满足他们的学习和娱乐需求。此外，还需要建立强大的网络队伍，做好网络安全和信息管理工作，净化网络空间，有效防范网络诈骗、谣言传播等不良现象。我们需要利用信息技术的先天优势来推动思想政治教育工作的发展，把传统的方法和新颖的技术相结合以实现最佳效果。可以指导教师和学生增强对互联网的认识，培养他们的网络思维能力，并提高他们上网的行为素质，以便更有效地面对网络时代所带来的挑战。此外，激励教师和学生创造出更多的网络文化作品，传递主流价值观，宣扬正向能量，一起维护网络精神领地。

构建大学思政工作的互联网服务平台的目标是整合各类资讯传播渠道及业务沟通途径于一体的大型系统中；与此同时，也致力于提升对高等院校相关信息的集中化管理工作水平及其信息化操作效能。为增进教师学生们对于网上知识获取能力和保护个人隐私安全的认识度，我们需要进一步加强对线上活动的监管力度并且不断完善其使用方法来确保学生的上网体验更加顺畅且无风险。此外还需通过实施针对性的培训手段如编写《高校师生网络素养指南》，以此指导他们如何正确地利用这些工具并在享受便利的同时保持警惕防止被恶意攻击或滥用，将可能发生的风险事件的发生率降低到最小值。通过以上措施进一步推进高校思想政治工作的现代化发展，提升工作效能和影响力，为广大师生创造一个更加丰富、便捷和安全的网络环境。

扩大互联网的内容范围，组织各种线上文化的建设项目，例如"大学生网络文化节""高校网络育人优秀作品推选展示"和"网络文明进校园"等活动。为更有效地评估这些项目，应设立一个名为"高校网络文化研究评价中心"的机构，并且设计一套网络文化成果的评价认证系统，这样优秀的网络文化作品就可以被计入到高校科研成果的数据中，同时也可以作为教职工职位晋升的标准，也是对师生的奖励和表彰的重要参考标准。为了培育更多网络领域的专业人才，可以推行"网络教育名师培育支持计划"和"校园好网民培养选树计划"，以便打造一组具有强大政治意识、高超职业能力、严格纪律观念的网络工作者团队。借助这些措施，再加上一些培训和援助手段，协助老师和学生更加充分运用网络的教育资源，提高他们对于网络技术和素质的理解和掌握。总而言之，通过网络文化内容的进一步丰富，网络活动的进一步开展、成果评价方式的进一步优化、网络领域人才培养的进一步强化等，有力地推进了大学的网络文化发展，促使网络文化与教育的深度结合，从而为我国网络实力的增强做出贡献。

六、大力促进心理育人

坚持培养学生的内心世界和道德品质相结合，进一步强调人道主义关注和人际关系调适的重要性，并推动全方位的教育教学、实践操作、心理咨询、预先防范及技术支持等多方面的"五位一体"心理健康教育工作格局的构建。我们的目标是塑造老师和同学拥有理智冷静且乐观的态度，以促使他们的心理健康水平与思维道德水准、科技文化素养达到和谐进步。我们要加大对知识教育的投入，把心理健康教育融入学校的总体教课规划中，制定出大学生的心理健康教育典范教材，创建像《大学生心理健康》这样的线上课程，以便让所有人都能够掌握到关于心理健康的全部信息。此外，也应该开展一些推广的活动，比如举行"5.25"大学生心理健康节等特色活动，有效运用互联网、广播、公众号、APP等多种渠道来打造优秀的心理健康教育环境，提升师生的自我保护意识。

以山东交通职业学院为例，学校将心理育人作为落实立德树人根本任务的重要内容，纳入人才培养体系，秉承"一路有爱"的工作理念，注重发挥思想政治工作优势，推进心理健康教育与"心航之路"有机融合，培养学生自尊自信、理性平和、积极向上的健康心态，构建了富有"海陆空"交通特色的心理育人工作模式。在教育教学方面，积极引导学生探索"心海之蓝"。一是打造"心海拾贝"课程体系。结合高职院校大学生心理特点，自编《大学生心理健康教育与心理素质训练》

校本课程；严格落实必修课学时学分，大学生心理健康课程已覆盖全体在校生；通过开展调查问卷，锁定大学生关注的心理问题，开设《大学生心理健康教育》慕课；通过微信公众号、官方网站推送有关心理科普知识网络课程。二是打造"海燕"心理素质训练实践教学体系。依托学校心理健康教育服务中心，聚焦不同年级学生心理需求，每学期开展人际关系、情绪管理、个人成长等主题的团体辅导、素质拓展等；转变教学方式，把情景剧、心理剧融入教学中，进行体验式教学实践，提高学生心理健康素养。疫情防控期间，心理健康教育服务中心专职教师入驻学校，成立疫情防控心理疏导工作组，共同设计"抱团成长"系列课程，通过线上讲授、线上展示、心理热线等方式，积极疏导因疫情带来的不良情绪与压力，提升心理免疫力，为同学们穿好"心理"防护服。在咨询服务方面，帮助学生绿化"心灵之陆"。一是打造"心灵绿洲"帮扶体系。做好心理普查工作，全体学生每年开展2次心理普查，发放"暖心签"心理健康知识手册；根据普查结果，心理健康教育服务中心安排一名专业教师对接各系部，给予科学专业指导；多渠道开展心理咨询服务，实现网络和线下预约、形成面谈咨询、在线咨询、电话咨询等线上、线下心理咨询与辅导；发挥辅导员、班级心理委员、宿舍心理信息员"探针"作用，针对心理困扰学生，学校、心理健康服务中心、系部及家庭积极关注，并持续跟踪。二是打造"星伴星"朋辈互助体系。制定心理委员培训方案，通过线上、线下培训等途径，系统性朋辈辅导技能培训，发挥心理委员在心理健康教育工作中的朋辈作用，更好地开展心理自助、互助以及心理危机预警等工作。在实践活动方面，启发学生拓展"心灵空间"。一是打造"海风抚心"实践活动体系。通过开展心理健康教育活动月、"10.10"世界精神卫生日宣传，并辅以系列心理专题讲座、团体辅导、心理沙龙等，多渠道、多形式开展心理健康教育活动，营造良好心理育人氛围。二是开拓"云对话"心灵驿站平台。充分掌握学生的网络行为更加凸显的特点，把心理育人渗透到大学生的生活"微空间"，通过心理健康教育服务中心信箱、团委微信公众号接收同学们的心声，学生可以分享生活乐趣，记录心情，吐露秘密，诉说心事，心理教师定期收集回应，让每个人都可以倾诉，让每种倾诉都有人倾听并通过收集和分析大学生的"心事"，对学生进行及时个体"画像"和群体"画像"，了解大学生的思想、行为和心理变化的轨迹，精准研判大学生的心理健康状况，提高心理育人的精准性和针对性，让心理育人科学性和专业性更强。在预防干预方面，助力学生点燃"心灵之光"。一是创新"心着陆"安心三防机制。从制度建设、队伍建设和基础设施建设三个方面建立"制"防、"人"防、"物"防三防常态化防控机制，筛查学生心理状态。制定《心理健康工作四级网络体系实施细则》《心理健康类重点关注学生月报制度》《大学生心理危机干预工作实施方案》《重点关注学生心理危机管理及干预措施》等制度，完善落实心理健康工作四级网络体系，切实发挥各层级的作用。二是实行"心连心"三方联动机制。针对心理疾病学生，加强"家校""校医""医家"联动，家校每周沟通学生近况，学校与市精神卫生中心合作，完善心理危机个案转介、转诊制度，建立更高效的心理健康绿色通道；发挥与校外精神卫生机构共建单位的优势，邀请医院专家为家长普及精神卫生知识，规范完善家校合作程序；充分发挥学校人才优势，强化家庭教育指导，为青少年全面发展、家长素养提升以及家教家风建设创造更加有利的条件。

七、切实强化管理育人

结合严谨的管理规定和无形的教育方法，我们可以通过增强法律教育的实施力度并且遵循大学的规则来优化学校的纪律和自我约束的规定，进一步提升法治教学的效果，推动教育系统的现代化发展。为提高科学管理对于道德伦理的保护效果，应致力于创建一个秩序井然、管理有效且氛围纯洁的育人环境。因此，有必要改进教育法规系统，加速编写或更新教育条例，确保教师及学生等各方的权益得到保障。此外，还需构建合法办学和管理培育机制，修改和完善学校章程、校园规矩和自我约束条款，深入分析每个管理工作职位中的教育要素，制作工作岗位的说明文件，清晰阐明育人的内容和途径，充实和改善各类岗位和各种团体的公约体系，以此指导师生养成主动性和强化自制观念。

对于领导干部的管理团队建设是极其关键的。我们需要根据社会主义政治家与教育者的期望及优秀官员的标准来挑选并配备各个层级的领导干部及其团体，以确信他们的品质和技能都是优秀的。因此，可通过制订五年干部训练计划，提升所有类型干部的教育者素养，以便他们能更有效地承担教育的职责。针对教职员工的管理部分，我们要严格审查教师招聘和人才引入的政治审核流程，保证只有符合政治标准的个人才能加入到教育行业中。与此同时，我们会依照法律规定加强对各种违背道德规范或存在学术不当行为的行为的惩罚力度，迅速矫正不良趋势和问题。唯有如此，我们才能建立起一支出色且有高度的专业能力的教师群体，为学生的全面发展提供优质的教育资源。关于资金的使用管理层面，我们需合理编排财务预估，让更多的教育基金投向育人这方面。此外，我们也应增强其保障职能，完善学校管理的评估指标体系，积极推动学校的法治化进程。将育人效果融入管理人员的绩效考评范畴，将其视为评选奖励的重要依据，以此激发管理人员更好的实现育人目标。并且，为了鼓励管理人员通过优良的管理方式和行为去影响和塑造学生，我们还需设立一些"管理育人示范岗"，让他们成为学生的学习典范，并对他们在管理方面的努力给予充足的支持和激励。借助这些策略，我们可以进一步提升教育系统的管理质量，促进学生的全面发展和成长。

八、不断深化服务育人

在教学环境里，应把处理现实难题同解决思想问题融合在一起。需重视教师和学生的需求，关爱他们的发展进程，并给予针对性的支持。通过增强教育资源的供给能力，我们致力于满足师生在工作中或学业上的正当要求。教育的使命在于塑造人类、引领方向，并在关照他人、协助他人和服务他人的过程当中达成真正意义的教育成果。

加强教育需求，研究总结各类服务职位所能实现的教育价值，并将其作为工作职责的重要组成部分，在招聘、培训和考核等各个环节中体现出来。我们需要清晰地理解我们的职责所在，特别是在大学的后勤部门中，我们要不断推行"节约粮食、节约水资源、节约电能"以及"能源节约宣传周"等相关主题的教育项目，以促进学校成为节约型的校园，并积极推广绿色校园的发展，同时执行对后勤工作人员的能力培训方案，以此来实实在在地增强后勤服务的质量与教育的支持力度。

为了提升图书馆的服务质量，我们需要建立起一套完整的书籍资料管理系统及服务模式，以此来满足读者的需求。我们要重视对服务的改进，始终保持对读者体验的关注，这样可以有效地增加馆内藏书的使用频率和工作效能。此外，我们也应该积极推动知识信息的安全培训，教导学生们如何尊重和保卫他们的知识产权，强调信息安全的必要性。而对于医疗保健服务来说，制定全面的健康教学方案是我们的目标之一，目的是增强学生的健康认识和良好的卫生习惯。为此可定期举办一些关于疾病防治、紧急救援和急救等相关主题的健康教育活动，从而进一步强化教师们的公共卫生健康观念和生活方式。通过这些举措，致力于提升学校医疗卫生服务的质量和效果，为师生提供更加全面的健康保障。

对于保障校园安全的任务，可专注于增强人力、物资及科技防护设施的发展，以此全方位推进安全教育的实施，增进安保的整体效能，并且强化教职工与学生的安全意识和相关法律知识。

服务育人涉及人员杂，牵涉范围广，因此，需要提升学校的整体实力，构建涵盖教学、日常生活和工作的综合信息服务平台，以便满足他们的正当需求。此外，应加大对服务的监管力度，执行服务职责的目标制度，把服务品质和服务育人的成果视为衡量服务职位绩效的标准和参考。挑选出一些优秀的服务育人典范，并创建一系列大学的"服务育人示范岗"，从而更有效地提升服务质量和育人层次。

九、全面推进资助育人

要构建以"扶困"与"扶智""扶困"与"扶志"为核心的"四位一体"的发展式资助系统，该系统整合了国家的财政支持、学校的奖励补助、社会的捐赠援助以及学生的自我救助等多个方面，实现了对贫困生的全方位扶持。这种方式不仅关注经济上的支援，还注重道德教化、能力和心理素质的提升，从而形成了高效且持久的学生资助培育模式。此外，我们还将有偿资助和无偿资助、公开资助和私密资助相结合，创造出一种有益于个人成长和社会发展的正向反馈环路，使之成为解决困难问题、培养优秀人才并回报社会的有效途径。我们的目标是通过这样的方式来塑造受助者具有独立自主、诚信可靠、懂得感恩和敢于承担责任的优良品格。

强化资助工作的高层次规划至关重要，我们需要制定一整套合理的资助管理办法来优化我们的勤工俭学制度，精确地设立出色的资助系统以便保证受援者身份与基金金额匹配度及支付流程的一致性和连贯性。我们会通过实地访问、数据统计学方法和其他沟通手段去确定家庭的贫困状况并对他们做出准确识别，形成有效的四级的资助确认程序并且创建他们的个人资料库实行实时更新处理。与此同时我们要坚守激励教育的方向并在奖励金评定过程中不仅仅关注学习成果，还需考虑其他如创造力提升和社会活动参与情况，还有品德修养等方面的情况以此培育学生们的进取态度和服务感激之心。另外我们在国家的补贴申领过程也会积极推动鼓励性的教学理念和感谢的教育观念从而激发学生们对于党的忠诚，以及热爱祖国和热爱社会主义的情感。

在国家的助学贷款办理过程，学校这边需要加强对诚实守信的教育与财务知识的学习普及，目的是提升大学生的法制观念及防患于未然的风险管理理念，还有契约精神的内涵。我们需要重视的是如何激发大学生积极向上、奋斗拼搏的能力并且鼓励其勇于探索新领域的新思维方式；为了达到这个目的可以通过参与兼职打工等方式去实践这种想法。同时也要注意到学生在选择职业道路时要有正确的人生价值观，同时在社会责任感的重要性问题上做出明智的选择。另外还要尝试用新的方法推动资助育人的改革进程如推行"发展型资助的育人行动计划"和"家庭经济困难学生能力素养培育计划"；还需举办一系列的活动，比如："助学筑梦 铸人"和"诚信校园行"等等，以此作为一种有效的手段激励广大的学子奋发向前，勇攀高峰，不断追求卓越人生价值。还可以组织国家奖学金获得者担任"学生大使"，制定建设若干"发展性资助教育试点项目"，评选推荐重大案例和领军人物，更加全面地推动学校关于资助育人工作的发展。

十、积极优化组织育人

将组织建设与教育引领相结合是非常重要的。我们需要增强大学各层级组织的育人任务，以此来激发育人工作的动力，推动创新，扩展影响力和提高辐射范围。与此同时，高校党委应当起到主导的核心角色，学院或部门的党委则需承担起政治核心的责任，而基础性的支部也必须充当坚实的壁垒。同样地，工会、共青团、学生协会及各种社团都应担当连接和服务、团结并凝聚教师和学生的桥梁和纽带的作用。我们要把思想政治的教育融入到所有的工作和活动当中，从而促使校内全体人员实现全方位的发展。

利用各级党组织的育人保障作用，进一步优化大学党委的领导结构和机制，明确校内党委的职责和决策方式，完善并提升在党委领导下的校长负责制度。推动学校的党组织主动承担起管理党派、办学治校以及培养人才的核心任务。为确保高校党建工作的有效开展，可启动实施高校党建工作评估，通过定期评估，全面了解党建工作的实际情况，有针对性地提出改进意见和措施，为高校党建工作提供科学有效的指导。另外，我们还应实行学校及学院(系部)党总支或支部委员会主任关于基层党组织建设的报告评估体系，以强化对于基层党组织的管理与引导，保障其高效运作。与此同时，我们要执行教师与党支部书记"双带头人"培养计划，利用中央和地方两个层面的示例，提他们的政治素养和业务技能，推进党的建设在教育工作者群体中更深层次的展开，为高等教育的党建发展奠定稳固基石。

推行"高校基层党建对标争先建设计划"，启动"铭记初心 牢记使命"主题活动，评选培育一百个全国高校省(部)院校的党建典型，培育造就一批全国优秀的党员，通过培养选拔一批全国优秀共产党员和全国优秀党务工作者，建立国家党建示范网站，并通过评选展示全国优秀高校党建成果。通过充分发挥不同团组织在学校教育中的引领作用，通过促进工会、共青团、学生会等组织的动员，创造新的教学手段，更有效地服务于教师和学生，通过组织各班级教师及学生会共同开展的主题鲜明、健康有益、形式多样、内容丰富而多彩的教育活动，进一步实现整个集体的凝聚，通过教研组、专业队伍、班组、校园老师的素质提高，进而培育和形成文明班组、文明校园、文明寝室。

第四章

新时代高校"三全育人"环境研究

伴随着信息时代的全面发展，我国在高校教育工作方面遇到了前所未有的机会和挑战。高校作为思政育人、培养高素质人才和培养合格的社会主义接班人的重要场所，其育人功能的有效发挥受到内部精神文化、制度文化及外部物质环境的影响和制约，如何正确认识、科学设计和营造良好有效的育人环境，是实现学校"三全育人"的重点。

第一节　高校"三全育人"环境的功能

"三全育人"工作的开展，离不开环境因素的影响，环境因素是由人的社会特性所决定的。周围环境的影响，限制了人的成长，从出生开始，人的思想、品格和行为也会备受环境和后来的教育的影响。华中理工大学博士生导师刘献君教授的理论专著《人类之治》里面提到了一个生动有趣的"泡菜理论"：泡菜是通过在所产生的汁水中浸泡而成。其中味道的好坏通常在于这个汁水的强度和味道，味道特别好的泡菜的秘诀是泡菜汁的品质。醇厚浓香的泡菜汁的形成，对泡菜是否清脆爽口、受顾客欢迎起着非常重要的作用。"泡菜说"体现了高校育人的功能，学校的育人氛围和环境就好比"泡菜汁"。而营造良好的育人风气和环境，就好像制作精良的"泡菜汁"，决定着它所培养的毕业生的素质和质量，也决定着毕业生是否受到用人单位的欢迎。制作美味泡菜汁的艺术是我们需要研究和创造良好教育环境的手段和方法。那么高校"三全育人"环境的功能是什么，将是下面内容所要探讨的。

一、协同功能

环境教育是实施"三全育人"的重要组成部分，是大学人才教育体系的一个子系统。大学环境培训体系包括物质和精神上的。物质方面包含了教学楼、住宿楼、食堂、超市等为学生提供日常学习生活的设施和建筑。精神方面包含了教学环境中体现校园文化内涵、营造良好校园氛围的一切手段，如雕塑、路标等，它们提供辅助协同的功能来教育人们。

二、教育功能

在洁净优美的校园环境和多姿多彩的精神环境熏陶下，学校逐步实现了育人、陶冶情操和培养优秀品格的目标。与其他育人方式相比，环境育人对实现教育目标的方式是潜移默化的，比如通过搭建学校创始人或者取得巨大社会成绩的校友雕塑、校史陈列专栏、校友介绍、名言名句，仿佛讲述着学校悠久的传统，厚重的人文气息扑面而来，涤荡着学生心灵；设立宣传栏宣传学校的办学理念、校风教风，可以彰显学校高品质的追求；设置名师风采榜、光荣榜等，可以形成倡树榜样、争做榜样的良好氛围。

三、持续教育功能

环境影响人的功能主要体现在通过除了显性物质环境外，还可能存在隐性因素来建设高等教育中的育人教育。在影响人才教育的环境因素中，大学精神、办学理念、教与学的方式、科研氛围、规章制度等因素影响着人才教育可持续发展的维持。这些因素不仅能更好地体现教育者对价值观和教育理念的追寻，而且也需要长期的维护，让其正常地运行，从而保证教育的长期性。

第二节 高校"三全育人"环境的特点

高校"三全育人"的环境是一个多层次、多重因素的整体，广义上包括影响学生思维的一切外在因素。不仅有物理环境因素，如校园的地理环境、位置、校舍、图书馆、实训楼、运动场、食堂、宿舍等，还有一定的精神因素，如校风、学风、教风、学术氛围、舆论氛围等。这两类相辅相成，缺一不可，这些物质因素和精神因素形成了特殊的内容，各有特点。

一、育人设施环境具有系统性

不同的高校有不同的校园物质设施。每个学校的发展和财政基础决定了校园建筑、宿舍、食堂、图书馆、实验室、体育健身设施等设施的构成，是提高学生综合素质的基本条件。经济能力和每个学校的基础设施不仅可以反映当时社会和金融的发展程度，也可以反映国家或地区教育的重要性，也是学校发展的重点。例如，重视学科知识的学校加强科研实验室和课堂建设，同时也会建设相关的实训基地。

二、育人心理环境具有协调性

党的十六届六中全会中第一次提出："注重促进人的心理和谐，加强人文关怀和心理疏导。"十九大报告里面再次强调:"加强和改进思想政治工作,注重人文关怀和心理疏导,用正确的方式处理人际关系。""心理疏导"一词的多次出现,不仅体现了党中央对高校学生的人文关怀,也充分说明学生心理健康问题已成为严重隐患,影响校园稳定和社会发展。所以要大力提倡学生素质培养教育。

青年学生群体正处于个体主观意识形成阶段,容易受到外界舆论环境和物质环境的影响。当代学生的思想关注度不断扩大,他们不仅关注物质利益,也注重情感沟通,经常陷入个人问题不能自拔。如果社会风气不好,一些大学生就会过分注重物质价值取向和外在条件的培养,而忽视精神价值取向和内在的人文精神的培养,陷入盲目和功利。面对复杂的人际冲突,部分学生往往缺乏正确、恰当的管理方法,极易造成情绪波动。如果管理不当,可表现为抑郁、自闭、暴力,在最严重的情况下,甚至会出现过激的举动,这就是为什么关注学生的心理健康并创造良好的教育环境非常重要的原因所在。

三、育人舆论环境具有广泛性

一些新闻舆论会关系到社会稳定,关系到人民群众的支持,关系到国家的软实力。当今社会是一个信息爆炸的时代,各种社会思潮应运而生,舆论空前活跃,给我们带来了很多的挑战。青年学生应树立正确的世界观、人生观、价值观,以及如何在新时代坚持正确的理论导向,把握中国特色社会主义理论体系的思想轴线,不断增强引领力量以社会主义核心价值体系培养社会思想意识,成为综合过程、综合教育语境下的重要课题。同时,校园舆论环境作为思想政治教育的有力补充,对良好学风、教风、校风的形成产生影响。因此,高校思想政治教育工作一方面要善于从舆论环境中汲取营养,创新教育内容和教育方式;另一方面,引导学生树立正确的理想信念,为学生营造积极向上的思想氛围。

四、育人教学环境具有示范性

唐代的大诗人、文学作者韩愈对教师的工作有一个明确的定义:"师者,所以传道授业解惑也。"在说教解惑的过程中,教师不仅将传授专业知识给予学生,也影响着学生自身的思想品德、行为习惯、情感意志和行为方式的形成。学校内的教育环境是教学与教育的高度统一。一个专业的教学管理者,只要踏入校园广阔的教学环境里,就应该克制自己的言行,因为他们的言行都是起着表率作用。

因此,不同岗位的教育工作者要站在自我的角度上,严格履行教育职责,如教师要以严于律己、坚持不懈的精神潜移默化地影响学生,教育领导者们要用细心周到的服务让学生感受到关爱，形成良好的教育氛围，在生活上关爱学生，在思想上引导学生，在学习上激励学生。充分发挥教师和管理人员在教学、管理和服务育人中的作用，有效形成了全员育人、全过程育人的整体环境，为学生营造良好的思想氛围。

五、育人网络环境具有开放性

《中国青年报》于 2018 年发布的中国人民获取信息方式的研究报告显示，有九成的国民习惯性获取信息的渠道为互联网，每天通过互联网获取信息咨询、学习工作、交际联络，娱乐的平均时间为 3.32 小时，特别是青年学生，每日上网时间达到 6.12 小时。68.1％的学生反映无法接受大学环境教育缺陷的第一个就是：没有网络。这个数据充分说明互联网已经深入到人们生活的方方面面，深深影响着人们的日常生活。所以说现在的教育环境不仅限于在真实的空间内，还有一个虚拟的网络空间。在线环境是全时间段开放的，任何使用互联网的人都可以获得信息和人机之间的沟通。一方面，它是适应和促进人的发展和网络发展的新型思想政治教育模式，能够快速提供海量信息，对学生极具吸引力和影响力；另一方面，网络上积极因素与消极因素同在，积极的激励和消极的诱惑交织在一起。因此，要加强德育网站建设，利用网络和视频技术，关注学生感兴趣的学习、生活、心理健康、就业、婚恋等热点，积极搭建新媒体平台、微博、微信、QQ 群等，共同开发思政教育新思路。同时，要积极组建网络"环保"队伍，培养一支政治理论水平高、熟悉思想政治教育、掌握网络技术的带头人队伍，以健康的意识形态定位网络阵地和文化，清理校园网络环境，开展"网络清扫活动"，进行网络道德教育，帮助和引导学生增强自律意识，自觉抵制和打击不良信息，真正做到网管与网建并重，使教育工作从"灌输"走向"渗透"，让受教育的人从被动服从转变为主动参与。

六、育人文化环境具有隐蔽性

校园文化环境是由校园、文化和环境构成的一个综合概念，这三者既可以独立存在，又可以配对产生新的意义。周先进对校园文化环境有比较完整的总结。他在《高校德育环境论》一书中提到了关于大学校园文化的内容："高校文化环境就是特指高校文化系统诸要素的综合，包括国家的思想和意志在高校的体现，民族传统文化对高校的影响，社会的道德风尚在高校的辐射以及高校自身的教育、科技、文化、体育事业等诸要素。"它通常利用校园的物质文化环境，如校园雕塑、道路景观、艺术标识、绿化环境等，给学生一种隐含的、与其内在精神诉求相协调的建构形式。例如，山东交通职业学院的校训是"厚德、守正、精技、创新"；校风是"诚毅、知行"，除此以外，让校园的道路以致远路、博文路、致知路等命名，使学生产生亲近感和共鸣感。校园文化建设还可以通过校园文化活动、主题讲座、社会锻炼活动、社区活动、第二课堂等精神活动得以实现，是道德精神外化的具体体现，其教育作用是隐蔽的、无声的。例如，高校可以结合依托建党节、国庆节、五四青年节等具有纪念意义的节日，开展各项主题活动，有步骤、有计划、有组织地传递爱国主义精神，让青年学子牢记历史，增强社会意识。

第三节　新时代高校"三全育人"环境存在的问题

在现代社会发展的过程中，环境与人类始终相互影响、相互制约。国内外许多教育工作者早就认识到环境在教育中的重要作用不可替代，而不利和消极的环境也给教育者带来很大的阻力，这也是环境所带来的负面作用。

一、信息时代文化思潮产生的不良影响

马克思指出："整个所谓世界历史不过是通过人的劳动而诞生的过程，是自然界对人来说生成的过程。"对于一个人来说，他的逐渐长大就是一个自我变化和自我顺应环境的过程。21世纪充满了机遇和挑战，技术和文化知识以光波的速度在世界范围内传播，世界格局日趋多样化。各民族的文化、知识和技术正在交融成不可分割的一体，民族传统和民族特色正在逐渐消失。同样，作为一个拥有五千年文化历史的国家，中国许多优秀的道德价值观也面临着巨大的挑战，优秀的传统文化正在逐渐消失。在此背景下，由于政治观念、社会性质和经济状况的发展发生了很大的变化，中国已成为西方资本主义国家挑衅和打压的主要目标。"无形的侵略"，其主要的目的是削弱大学生的民族意识和爱国热情，个人主义、享乐主义、拜金主义和奢靡之风吞噬了他们原有正确的思想道德意识和价值观选择。

二、市场经济快速发展带来的负面效应

虽然社会主义市场经济的快速发展极大地改善了人民的物质文化生活，人民经济收入成倍增长，生活水平大幅度提高，需求、思想、观念开始突破封闭的局限，展现出自信、平等、开放、积极的心态。但它有利也有弊，既有积极的影响，也有消极的影响。由于我国仍处于社会主义初级阶段，社会结构的变化，社会资源和利益分配的调整、贫富差距的加深，会使人们的思想和观念发生巨大变化，价值取向导致功利主义蔓延，集体主义观念淡薄，共产主义信仰模糊，道德失范严重等。这种反弹也影响到高等教育，例如，高校的教育规划过于符合市场经济的需要，而缺乏素质教育，只是盲目扩招或违规招生，但教学却缺乏人员建设和管理支持，也会严重阻碍大学生的健康成长和学校德育环境的影响力的发挥程度。

三、网络信息文化带来的双向冲击

年轻人，尤其是大学生，已成为最流行的网民群体。目前，互联网已经基本包含了所有人们获取信息的手段。虽然网络信息具有容量大、数据库广、覆盖面广、方便快捷、适时创新等优势，信息化的价值选择却是青年学生思政教育工作开展的难题，给教育工作带来巨大挑战。

互联网的繁荣虽然为学生的自主学习和人际交往提供了丰富的资源，拉近了他们与社会的距离，更好地了解社会，但另一方面，由于国际形势的严峻和网络信息的多样性，人际网络在沟通与互动中，也影响着青少年学生正确的价值判断。例如，目前风靡网络的短视频社交平台，已经成为最受年轻人欢迎的新媒体传播方式。在这个平台上，我们可以发现很多不法分子为了获取点击流量和经济利益，做出了很多违背人们道德起点甚至法律结果的行为。而许多年轻人谈论这些行为并积极模仿，模糊了他们辨别是非的能力，削弱了他们的意志和信念，导致大学生网络道德不稳定，给大学德育的可控性和有效性引入了无形的阻碍。

第四节　优化高校"三全育人"
环境的原则

改进教育机构和高校教育环境的目的，就是要更好地兼顾环境教育的积极作

用，尽可能清除或改变环境的消极因素。从高校全面、整体的育人的新变化，可见大学思想政治教育机遇与挑战并存，要想在新时代取得最好的教育人的效果，必须跟上时代步伐，抓住机遇迎接挑战。所以，有关完善校园内育人环境的几条原则必须要牢牢把控住。

一、实事求是的原则

由于当前世界是全球化加速发展的时代，国家的经济发展迅速，信息时代变得越来越多样化，分销方式、社会阶层和相互之间的利益关系正在变得越来越多样化。社会也经历了翻天覆地的变化。这样的改变给校园内的教育工作创造良好的机遇，也迎来新的挑战。另外，国内的不同地区不同学校的发展情况和侧重点不同，这就需要我们将实事求是的态度用于我们的教育工作中，要根据新形势适应新动向，符合新实际发展。同时，由于教育对象思想道德建设的现状和精神世界发展的要求，开展教学工作的出发点和依据，现实生活中的教育对象分为不同类型和层次，其精神需求和思想现实差异很大，因此教育方法应该因人而异。

二、整体一致的原则

大学时期是青少年思想价值观形成的关键阶段，同时也是培养社会主义现代化建设人才的主要场所，但现在融合有用的教育环境也包容了很多方面，同时各个方面要有一致的目标，那就是育人，也才能形成合力。从宏观角度来讲，育人环境可以大致分为校园育人环境、社会育人环境、家庭育人环境、制度育人环境等，它是一个相互联系、相互融合的有机整体，不能局部分割，但可以进行个别分析。因此，大学必须创造良好的物质环境，为学生提供优雅、舒适的学习环境及居住环境；要加强校园文化建设，营造良好的学习习惯和校风；网络文化建设和新媒体的合理利用，打造新的、易为青年学生接受的网络教育新手段；以"一切为了学生，为了学生的一切"为宗旨，提高为学生服务的质量，取得良好的服务效果育人；积极建立社会—学校—家庭三位一体的综合的培养人的体系，并施展它们的能力，形成育人合力。

三、长期坚持原则

杰出的教育环境和氛围是在长期的历史积淀中形成的，也是在一定的历史条件和办学传统中孕育出来的。校园文化环境建设并不是一蹴而就的，需要一个相互影响、相互促进的过程。与此同时，良好的校园文化环境需要精心的设计和不懈的追求，才能充分体现学校的历史感和独特的文化追求。当全体师生的智慧、道德和情感默默附着在校园建筑、自然景观和日常生活中时，环境教育的良好效果才能发挥出来。这些目标的实现需要较长的时间，因此教育工程必须有"咬定青山不放松"的精神，长期坚持下去。

第五节 优化高校"三全育人" 环境的措施

积极优化"三全育人"环境，必须着力构建独特的物质文化环境，同时打造奋发向上的校园文化环境，搭建学校、家庭、社会联动育人环境的整体体系，坚持高等学校的工作规章制度，切实有效提高教育质量。

一、构建独特的物质文化环境

"育人是一种内隐与外显共存的文化架构，而文化具有永恒的内在力量，是统摄、驾驭其他社会要素的特殊存在。环境育人的模式、结构等与高校人才培养之间要协调统一。"为实现育人目的，凝聚校风，营造良好的大学风气，必须结合学校人才培养的需要，对物质环境进行科学有效的统筹规划和布局。一方面，通过建造高质量和拥有丰富文化的自然景观，通过建造凉亭、假山、石头、花园和树木，创造优美整洁，山河水自然和谐的校园环境，并使学校内的环境变得更加美丽。用无声的语言传达校园的文化底蕴，激发学生对真、善、美的热爱和独特感受，使之成为学校的文化符号，就像北京大学校园里的"未名湖"、武汉大学的"樱花大道"。另一方面，要想实现出育人环境的隐性效力，就需要营造良好的校园氛围，如可以在校园内设立"晨读室"和"英语口语角"，引导学生树立良好的学风，开展"校园道路命名活动"、评最美班级和宿舍等活动。还可以设立一些竞赛活动引导青年学生参与学校环境建设，增强学校主人翁意识。高校领导要注重环境教育衔接，加大投入，做好顶层规划，切实将其纳入素质教育总体规划，统一规划。最后，要加强人文环境营造。人文环境是一种包含文化理念的物质文化，是后天创造的。激活人的视觉神经，激励人前行，帮助人思考自我，自律。因此，要善于开发建设多元、新颖、独特的人文景观，从数量上和空间上拓展教育的范围，开辟集趣味、知识和思维于一体的人文环境，改变单调乏味、效率低下的方式，达到环境育人的目的。

二、打造积极的校园文化环境

在一所高校里，如果说物质环境是打造人才的"硬环境"的话，那么校园文化环境则是"软环境"，其中的"校园精神""校园文化"是构成"软环境"的诸多因素中最重要的部分，是其大脑和灵魂，是一种不可缺少的软实力。"一所大学为了肩负起社会的重托，完成历史赋予的使命，应该有自己的校园文化和精神，因为它是大学的精神支柱，是潜移默化师生员工人格品质的隐性课程的体现。"

（一）加强社会主义核心价值体系的培养

社会主义核心价值体系是大学校园文化存在的理论基础，是我们党经历了时间考验、积累、传承、创新、发展的核心内容。包括了马克思主义的指导思想、中国特色社会主义的共同理想、以爱国主义为核心的民族精神、以改革创新为核心的时代精神、社会主义荣辱观，从大学指导思想、理想信念、价值取向、道德规范和行为方式等方面，指明了校园文化建设的"方向"。高校教育工作要把提高青年学生的思想政治觉悟作为工作的重点。要以新时代中国特色社会主义思想为指导，以中国特色社会主义和中国梦为主题，以培育和践行社会主义核心价值观为主线，帮助学生树立正确的世界观、人生观、价值观；要培养学生的社会服务意识、关爱他人的意识，促进新型社会主义平等、团结、友爱、共赢、互助关系的形成。使学生把所学回馈社会建设和经济发展；要增强年轻学生的理想和信念，能够以民族伟大复兴的使命为己任，增强个人荣辱感，树立自我自信心和自尊心，使其成为民族精神的传播者和国家理想践行者。

（二）营造积极向上的大学风气

所谓风气，是指在一定阶段社会全部或部分所呈现的风貌和习尚，是当时社会的风俗习惯、文化传统、行为方式、道德观念和时尚等因素的总和。大学风气即"校风、教风、学风及校园学术氛围，是高校环境最集中、最显著的体现"。因此，要营造"爱岗敬业、无私奉献"的良好教风，创造"孜孜不倦、勤于钻研"的良好学风，创造"文明和谐、欣欣向荣"的良好校风。但是，良好的校园风气必须立足于国情和社会发展。首先，要立足于学校人才培养目标，要综合考虑政治、经济、文化发展条件，努力建设科学、高水准、民主、开放、富有人情味的学术院校。这些内容必须立足于学校的实际情况和中国教育的实际，综合考虑当代政治、经济、文化的特点，让学业安康的理念处处留下痕迹。其次，要把营造学校良好的教风、学风、校风作为日常管理的一项长期任务来督促。要将学校行政管理、教学科研、教学辅助服务与营造良好校园风气的大环境联系起来，相互配合，充分发挥各岗位优势，制定细化的育人制度和教学评价。保证良好校风、学风、教风的正确走向。最后，通过教师带头以身作则、兢兢业业、克己奉公的表现影响学生，引导学生营造良好的求知学习氛围。此外，还要防止不良的社会风气对校园环境的影响，如拜金主义、享乐主义、奢靡之风等严重影响学生思想发展的思想毒瘤必须彻底清除。良好的校园氛围的营造和保持需要长期的时间，我们必须坚持打持久战，持之以恒，不断丰富和完善制度，才能营造出完美的校园文化氛围。

三、搭建学校、家庭、社会联动育人环境

优化育人环境是一项系统工程，涉及学校内外社会的各个方面。需要包括学校在内的全社会共同努力，使育人环境更加优化、更加适宜。同时充分发挥家庭辅助教育阵地的作用，营造良好的家庭氛围。作为大学生学习阶段重要的两个环境，一个是校园，另一个便是家庭。因此，育人联动平台必须要把学校和家庭联动起来，依托社会资源，打造政府、校园、企业联动的育人机制。

（1）要加强与企业的联系，建设大规模的校外实习基地，聘请有实践经验的专家担任兼职教授，并与校外实习和兼职教授签订培训协议。一是建立学生定期参观生产线参与实操演练制度，邀请工厂、企业专家来校讲学，专家教给学生专业知识，同时传授做人的道理。例如，山东交通职业学院牵头成立山东交通工匠学院，构建工匠人才培育体系，聘请改革先锋、最美奋斗者许振超等57名劳模工匠、交通大工匠等担任特聘教授、德育导师。此举有效促进工学结合、知行合一，是培养学生工匠精神、创新思维和实践能力的有效途径，是实现立德树人根本任务的重要举措。二是邀请行业内企业参与人才培养计划和教学计划的制定，定期召集企业、教育机构、学校专业教师相关人员举办课程研讨班，不断完善人才培养方案。三是建立学生到专业领域的企业实习的制度。让学生在真实的专业环境中接受训练，在实践中升华所学的专业理论，检验和提高思想政治和职业道德，充分发挥校外实训基地的作用。

（2）要加强与市政府和社会组织的联系，充分利用社会文化建设资源，特别是学校所在城市的文化建设资源，对学生进行教育。其中之一是组织学生积极参与地方文化建设，通过学雷锋、创建文明城市、志愿献血等志愿服务，开展文化建设等公益活动，让学生走得更远。在社会创设中，避免"真空"的教育环境，让

社会志愿行动以育人作为出发点，传递"奉献、友爱、互助、进步"的志愿精神，强化学生的社会责任感和参与感；在元旦、建党、国庆节和中秋节等重大节日期间，组织各类群众参加具有较大社会影响的文体活动，为学生搭建展示自我、锻炼自我的平台，引导学生成长融入社会元素，适应社会发展，接受社会的挑战；组织学生参观当地文化建设成果及参观博物馆、文化馆等具有地方历史文化特色的场所，开展"我和我的祖国""我为家乡代言"等主题活动，增进学生对祖国和家乡的了解，增强学生的家乡自豪感。

积极将高雅艺术融入校园活动，高雅艺术是人类古典文明的非凡积淀，具有深厚的审美内涵，具有极强的美育作用。观赏和呈现高雅艺术，不仅是欣赏美，更是净化心灵，陶冶情操。近年来，教育部、文化部、财政部在全国组织开展"高雅艺术进校园"活动，话剧、交响乐、民族音乐、歌舞等优秀的作品也将人类优秀的艺术文化成果带到大学校园，对提高校园文化素质，促进大学生全面发展起到了重要作用，为活跃校园文化，提高学生素质创造了良好的基础。艺术表演可以进一步加深青年学生对高雅艺术的理解和热爱，促进中华传统文化的进一步传播，吸纳人类文明的优秀成果，突出人类文明的发展成就，壮大学生的精神世界。

然后在寒暑假安排强化社训活动、集体社训活动和个人返校社训活动。以庆祝建党、国庆等重大活动为契机，着力引导青年学生践行社会主义核心价值观，积极投身"十四五"建设，坚持按照"受教育、长才干、做贡献"的宗旨和"目标精准化、工作系统化、实施项目化、传播立体化""按需设项、据项组团、双向受益"的原则，开展教育扶贫、爱心支教、走访问询、扶贫攻坚等活动。要努力扩大业务覆盖面，提高业务效率，寻找新的总结和培训机制。

要积极结合政府、企业、媒体等有效社会资源，为学生社会活动搭建广阔舞台，丰富实践内涵，扩大实践范围，有效融入学生社会实践。在高校人才培养计划中通过设置相应学分，捍卫建先进、迎先进，组织大学生先进社会实践小组、个别讲座小组等活动，将社会实践做实、做细。

学校、家庭和社会是人成长的三个重要组成部分，它们密切相关、密不可分，共同促进人的思想、道德和行为的成长。在这三个分区中，家庭的观念和氛围是人的素质成长的启蒙基础；学校的精神理念和文化氛围是学生稳定和完整的定型因素；政治社会和经济社会的突如其来的变化和人性真善美丑的表现是提高和检验学生品格的手段，塑造学生综合素质。可见，只有牢牢把握这三者的关系，构建合理的立体体系，才有利于学生的健康成长。

第五章

新时代高校"三全育人"管理研究

没有管理,人类社会就无法生存和发展。管理是一个普遍的现象,它存在于人类社会的每一个领域,大到一个国家,小到一个家庭,只要有人,就无法脱离它。高校实施"三全育人"是一项综合性的系统工程,这一工程时刻离不开管理。高校"三全育人"实施的过程,就是对高校"三全育人"管理的过程。如果脱离了学校"三全育人"的管理,而且不能很好地协调学校"三全育人"工作,还不能很好地解决学校"三全育人"中存在的问题,也不能很好地发挥学校"三全育人"的作用,更不能很好地解决学校教育中的问题。为此,在高校中实施"三全育人",管理尤为重要。

第一节　高校"三全育人"管理的价值

一、高校"三全育人"管理的地位

管理只有有了价值,才能发挥作用,才能获得地位。高校"三全育人"管理的地位主要取决于自身价值和作用,并集中反映在高校"三全育人"管理的作用上。

(一)高校"三全育人"工作的载体和指挥中心

在高校,"三全育人"被认为是高校教育的主要内容,高校中的"三全育人"是高校教育的重要组成部分,同时,我们还可以从高校"三全育人"工作自身的角度,看高校"三全育人"管理的地位。要在高校实施"三全育人",必须将分散的思想政治教育因素按照某种规律进行整合,按照一定的时间顺序和方向进行运作,并对运作过程进行有效的调控,从而达到"三全育人"的目的。高校"三全育人"指导思想、"三全育人"教育功能、"三全育人"教育效率、思想政治教育质量等无不靠高校"三全育人"管理来保证,如果脱离了学校"三全育人"的管理,学校的"三全育人"工作就会失去载体和控制,变成一盘散沙。就目前高校开展的"三全育人"的实践而言,对"三全育人"内容、方式等方面的研究较多,对"三全育人"管理方面的研究较少,导致了"三全育人"工作效率低下、质量低下、力度不足等问题的产生,这与高校"三全育人"工作未能及时跟进有关。因此,在高校实施"三全育人"的过程中,如何做好高校"三全育人"的管理工作具有十分重要的意义。

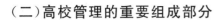

（二）高校管理的重要组成部分

高校管理工作的内容很多，而思想政治管理又是一个涉及面很广，内容很复杂，政策性很强，原则性也很强的工作。它包括各种类型的管理者和各种类型的服务者；也关系到政治方向、意识形态、经济政策、人民生活水平等方面的问题。因此，在学校的管理工作中，思想政治工作是最复杂、最具全局性的一项工作，它直接关系到学校各个系统的基础工作的执行情况。做好"三全育人"工作，既是贯彻落实党的路线方针政策的先决条件，又是确保学校在发展进程中处于正确方向的重要措施。

（三）各级党委和政府的主要任务

1994 年，《中共中央关于进一步加强和改进学校德育工作的若干意见》中明确提出："各级政府要在人力、财力、物力上，为解决高校思想政治工作中存在的实际问题和实际困难，提供强有力的支持，教育部门要将道德教育列为一项重要的工作。"2004 年，中共中央、国务院《关于进一步加强和改进未成年人思想道德建设的若干意见》指出："各级党委和政府要加强和完善未成年人的思想道德建设，这是一个关乎全国大局的大事件，也是一个很重要的事件。要建立起党委统一领导、党政群齐抓共管、文明委组织协调、相关部门各负其责、全社会积极参与的领导体制和工作机制。"以此为依据，对新时代下高校思想政治工作提出了新的要求。各级党委和政府对思想政治教育的领导，主要体现在：为他们制定政策，为他们创造条件，为他们解决实际问题，对他们进行检查、监督、评估等方面。由此可见，在高校实施"三全育人"，不仅要靠校方领导、有关部门的关注与支持，还要为"三全育人"营造良好的环境。

二、高校"三全育人"管理的作用

（一）有助于正确把握高校"三全育人"的方向

"三全育人"不仅具有预测、决策、规划和控制的功能，而且还具有监督检查和目标管理的功能，这对于把握好"三全育人"的思想政治工作具有重要的指导作用。在思想政治工作的全过程中，通过制定法律法规和提出意见，为思想政治工作提供指导；要使"以人为本"成为一种新的教育思想，并付诸实践。"三全育人"是保证大学生思想政治教育主导地位的最直接、最有效的途径，也是实现大学生思想政治教育主导地位的关键。在"三全育人"的运作中，我们不仅要对此有清醒的认识，而且要对此有正确的运用，才能真正把握住高校思想政治教育的主动。

（二）有助于完善高校"三全育人"的功能

"三全育人"的德育功能包括：道德教育功能、引导功能、关爱功能、服务功能、保障功能等方面。要在理论指导下，在制度规范下，在组织协调中，在监督中，更好地发挥其功能。如果忽视了这种管理职能，就会产生一种强调教育而不强调指导、强调纠正而不强调照顾、强调奖励而不强调服务的倾向。加强对高校思想政治教育的管理，既能帮助高校教师认识到其职能，又能不断提高其职能，从而全面充分发挥其职能。

（三）有助于增强高校"三全育人"的活力

要在高校实现"三全育人"，就要以有关的政策、制度为导向，以教育、关怀、尊重等方式，激发教师开展思想政治教育的积极性和创造性，增强其自觉、主动的意识，从而增强"三全育人"的内在动力。为"三全育人"工作者提供政治、生活、职业等方面的福利，就会促使他们重视"三全育人"，主动参与，以一种轻松愉悦的心态，以饱满的精力投入到自己的工作中去，使自己的工作更有活力。

（四）有助于发挥高校"三全育人"的整体优势

高校"三全育人"的管理，通过组织、协调、指挥等功能，科学、合理地组织起学校内外可供调动的各种思想政治教育因素，并根据统一的目的和计划，协调地开展工作，其工作效能甚至比各个部门的工作效能之和还要高。当前，我们所提倡的全员育人、全方位育人、全过程育人、环境育人等思想政治教育思路和模式，都需要通过思想政治教育管理来实现。尤其是当思想政治教育的环境和对象都发生了改变时，要对其进行全面的调整，就必须用管理的方式来完成，从而达到思想政治教育的统一，最大化地发挥其整体优势。

（五）有助于提高高校"三全育人"的质量

如何提高高校学生的思想政治教育质量，实现对高校学生的高素质人才的培养，是"三全育人"的重要任务。从构建质量保证体系、工作监督体系、工作约束体系等三个层次上，紧密结合目标与质量，制定一整套保证与提升质量的措施，科学合理地发挥其功能，实现"三全育人"的目标。实际上，加强和不加强"三全育人",对学校的作用是不一样的。要保证"三全育人"的实效,必须在相同的环境、相同的人员和相同的工作环境下,否则,"三全育人"工作的质量将得不到保证。

第二节　高校"三全育人"管理的原则

一、科学发展观原则

(一)科学发展观原则的内涵

"以人为本"是高校"三全育人"工作的根本,是高校"三全育人"工作的指导思想,是高校"三全育人"工作的根本标准,是高校"三全育人"工作的人本观、全面性、协调性和可持续性的思想。在此从三个方面对高校德育工作的发展进行探讨。

1. 以人为本

人是推动思想政治教育发展的根本动力,人的发展必须依靠人,而人的思想政治发展更应以人为目标。"以人为本"的理念,是在中国传统的历史和文化的基础上发展起来的,也是在当代的思想政治工作实践中发展起来的。坚持以人为本,是科学思想政治教育发展观的核心内容,其主要目标是促进学生的全面发展。在思想政治教育的过程中,我们应根据人们的思想政治状态和特征,调整和改进组织结构中的各种因素,以人的思想为核心,为人创造适宜的环境,以人为本,最大化地发挥人们的思想政治教育的主体作用,使人们的思想政治教育得到最佳的配置。思想政治教育的领导者和管理人员要当好服务员,紧紧围绕转变人的思想和精神世界这个中心来开展工作。应当树立尊重人、关心人、爱护人、平等待人的观念,从而促进人的本性和人的思维的完美发展,让每一位被管理者都能获得自由、全面地发展。管理人员应从被管理者的物质需求、精神需求和发展需求入手,促进被管理者的身心健康发展,创造一个有利于人的全面发展的社会环境。

2. 全面、协调、可持续发展

全面、协调和可持续发展是高校德育发展的重要内涵,是高校德育发展的重要组成部分。全面发展意味着每个方面都需要得到充分的发展,协调发展是指各方面的发展需要相互适应，可持续发展则强调思想政治教育发展过程的持久性、连续性和可再生性。这三个层面的内容，都是对思想政治教育发展观的具体表现。

3. 统筹思想政治教育管理的各个要素

即把思想政治教育与职业技能教育结合在一起，并把思想政治教育与家庭、社会教育等多方面的因素结合在一起，提高思想政治教育的主动性、针对性和有效性。

在教育工作中，要坚持"以人为本"，这与马克思主义的辩证唯物主义基本观点是一致的，它既有理论上的联系，又有现实意义。从马克思主义的基本原理来看，一个社会发展的过程，就是生产力与生产关系、经济基础与上层建筑，以及人与自然、人与社会，都在不断地相互适应和协调的过程。大学"三全育人"的科学发展，是指根据发展的辩证法，从联系的、连续的、系统的、综合的角度，认识人的全面发展的需求与社会发展的客观要求的内在联系，调整思想政治教育各要素间的矛盾，使其达到协调和统一，以促进大学生的整体素质和社会的整体文明水平的提升。

（二）科学发展观原则的作用

1. 高校"三全育人"价值观上的新飞跃

高校德育的科学发展观，是建立在新的发展理念上的，也就是说在近代思想政治教育观念的基础上进行的。思想政治教育价值观念的形成有三个时期：第一，在以"阶级斗争"为主的时代，思想政治教育价值观念一直占据着主流地位；第二，在对思想政治教育价值的追求上，既注重政治价值，又注重经济价值，强调思想政治教育必须为培养建设者和接班人服务，在以经济建设为中心的年代占主导地位；第三，以追求人的全面发展为核心的思想政治教育价值观，这是党的十六届三中全会提出科学发展观以来人们对思想政治教育价值认识上的飞跃。

2. 适应了高校"三全育人"管理人本原理的基本要求

"三全育人"的基本要求，就是要充分调动学生的主观能动性，使学生与其他思政工作中的各个环节形成一个有机的关系，使思政工作的总体效果最大化。高校的思想政治教育和管理工作是一个多要素、多层次的复杂过程。其中，"人"是最为基本、最为关键的要素，是思想政治教育管理的核心。要做到这一点，就一定要把人放在第一位，尊重人，依靠人，培养人，服务人，把人放在核心位置，关注人的全面发展，持续提高人的素质。思想政治教育管理的原理是思想政治教育管理原则的根据，而人本理念又必须与之相应，并将其贯穿于高校"三全育人"的管理实践之中。

3. 提高高校"三全育人"管理水平的迫切需要

提高高校"三全育人"管理水平离不开正确的思想政治教育管理原则的规范。科学的思想政治教育发展观明确了思想政治教育发展的本质、目的、内涵和要求，在此基础上，提出了高校思想政治教育的发展路径、模式及发展策略，并讨论了高校思想政治教育的开展。在高校"三全育人"中，必须确立"以人为本"的思想，使高校学生的思想政治教育与目标紧密联系，要把思想政治教育与目标相结合，提高其主动性、针对性和有效性。

二、目标合理性原则

（一）目标合理性原则的内涵

高校德育工作目标确立的合理性，不仅体现了德育工作的管理层次，而且直接关系到德育工作的成效。

长期以来，我国高校"三全育人"的目标一直停留在国家意志、崇高理想、社会本位、政治标准等层面上，忽视了受教育者的主体需求和受教育者的个体差异，缺乏层次分明、循序渐进的思想政治教育目标，缺乏在市场经济条件下培育现代人人格的需求，仅以一种难以为人们所接受的单一模式来塑造整体。这使得高校"三全育人"目标脱离了思想政治教育的实际，不能发挥引导发展、提升人格的作用，甚至可能出现负面效应，滋生逆反心理，从而影响了思想政治教育的形象，也影响了学生的独立自由思维、创造性思维和批判精神等人格品质的养成。如何科学合理地确定高校学生思想政治教育的目标，已成为一个迫切需要解决的问题。按照学校的宗旨，确定学校"三全育人"的工作，是重要的。在实施"三全育人"的过程中，应遵循目标合理化的原则，做到目标定位合理，层次清晰，切实可行。

所谓"目标"，就是在特定的时期，按照特定的尺度，按照预定的数量和质量，制定出相应的标准与规范。高校"三全育人"的目的，是指在特定的社会环境中，通过教育培养出的人，其道德品质与规范的总体要求。

高校"三全育人"是为了明确高校"三全育人"的目标，是高校德育工作的方向性与计划性的反映，也是高校德育工作内容与方式的重要组成部分。高校"三全育人"目标是以未来的结果为指向，是行为愿望和行为结果的辩证统一，是衡量高校"三全育人"成效的标准。高校"三全育人"的目的，则是指在"三全育人"过程中，各个系统（部门、单位）对高校学生进行政治、思想、道德和心理素质的培养，所要达到的程度和要求，也就是思想政治教育的目的。

高校"三全育人"目标的构成不是单一的，而是由多个目标项构成的。高校"三全育人"的发展方向大致可以划分为两个层次，即垂直层次和水平层次。垂直层次包括长期、中期和近期三个方面。水平层次包括一般层次和具体层次。无论是垂直层次，还是水平层次，都是在某种利益的基础上，如国家的利益、民族的利益、政党的利益、社会的利益、集体的利益、家庭的利益、个人的利益等。

坚持思想政治教育目标合理性原则是高校"三全育人"管理者在思想政治教育管理实践中为提高思想政治教育的整体功效，在高校思想政治教育中，要充分发挥其指导、激励、整合、提高等功能，就必须遵循一个重要原则。第一，要坚持"目的性"与"针对性"相统一，按照党中央、国务院的部署，学校要结合自己的实际情况，制定出科学、合理的教育目标；第二，要顺应时代的发展，适应社会的需要，对其进行针对性的调整。第三，应遵循"以实为本，以略为先"的原则，克服唯心主义、教条主义、主观主义，防止在确立思想政治教育的目的时，盲目追求，或将其泛泛而谈。第四，在正确的思想政治教育职能观念的指引下，要对思想政治教育的目标和体系进行理性的界定，因为只有在正确的思想政治教育职能观念的基础上，思想政治教育工作者的实践活动才能在自己应该去做、能够去做的事上进行，在实际的基础上进行，这样才能富有成果，从而确立的思想政治教育目标也就能够起到相应的效果。

（二）目标合理性原则的作用

1. 体现了党和国家对思想政治教育工作的要求

在制定和实施行为准则时，应该以促进受教育者的全面发展为出发点和最终目的，要与时代和社会进步的要求相一致，要体现出对受教育者的尊重与信任，并引导受教育者自觉守法。这与中央的要求是一致的。为了达到这个目的，必须做好下面几件事。

（1）我们要根据不同的学生，制订适合他们的基本言行规范，并养成他们良好的行为习惯，对他们进行爱国、爱人民、爱劳动、爱科学、爱社会主义的思想政治教育，从而指导他们树立正确的理想信念，建立正确的世界观、人生观、价值观。

（2）我们要制定并实施行为准则，把促进大学生的全面发展作为出发点和目的，反映出时代和社会进步的需要，反映出对大学生的尊重和信任，引导他们自觉守法。

（3）我们要坚持与现实、与生活、与高校学生密切结合的原则，既要遵循思想道德建设的普遍规律，又要与高校学生的身心等因素紧密结合，以高校学生的思想和生活为切入点，深入浅出，寓教于乐，循序渐进。

2. 符合我国社会发展的现实要求

教育是通过培养社会所需的人来为社会服务的，它从根本上反映了社会及其发展对年轻人的需求，是一项具有时代性和长期性的事业。思想政治教育的目标总是与社会发展紧密联系在一起的，所以，要使思想政治教育目标具有合理性，最基本的条件就是要从现实出发，要将现实的社会对被教育者的思想道德发展所造成的影响和需要考虑进去，要实事求是。

当前，我国还处在社会主义初级阶段，如何加快发展社会主义市场经济，构建社会主义和谐社会已成为当务之急。全球化时代我们国家的建设与发展将在一个更大的开放性、更大的范围内，全面地融入国际的竞争之中，这种新的社会条件，对我们学校"三全育人"也有了新的要求。高校"三全育人"的任务，既要立足于这一特定的历史阶段，又要与当今社会的发展状况相适应。

3. 符合受教育者身心发展规律的要求

随着受教育者的生活越来越独立，他们的自主性和认知能力也越来越强，所以，在设定思想政治教育的目标时，必须根据其身心发展的规律，利用理论的力量，利用民主的方式，强化其自我约束，进而提高其道德品质和人格品质。把社会要求逐渐"内化"为一个人的想法、理想、信仰，再把这种内在素质"外化"为一个人的行为和习惯。所以，在高校"三全育人"的定位中，不仅要重视人文、历史和理论的素养，重视观念和信仰的要求，还要重视在知行合一的水平上的要求，要克服过去只重视理念而不重视实践的倾向，要避免片面的、单一的、目标过高的要求。

三、管理协调一致原则

（一）管理协调一致原则的内涵

具体来说，高校"三全育人"管理协调一致原则的内涵主要包括以下两个方面。

1. 高校"三全育人"管理理论与实践相统一

在辩证唯物主义的知识论中，最根本的观点是实践。人们只有在实践中才能获得知识，而在实践中又需要理论的指导。高校"三全育人"的管理实践，同时也是一项社会实践，目的在于加强高校"三全育人"的实效性，并通过高校"三全育人"中所蕴含的科学理念、伦理理念、法律理念、思想理念等，来改变高校学生的心态，提升其素质，激发其工作积极性。

理论来源于实践，只有实践才能证明理论的正确性。理论与实践相结合，是马克思主义哲学的重要特征。要做到主客观统一，理论联系实际，这样才能更好地为学生的学习和生活做出贡献。在高校中实施"三全育人"，既是改变思想，提高认识，又是激发学生学习热情的一种途径。学校"三全育人"的管理者在经历了一段时期后，将会不断地总结和完善自己的工作，以达到学校"三全育人"的目的，为学校"三全育人"的发展作出自己的贡献。因此，实施"三全育人"不仅具有其存在的必要性，而且具有其发展的动力。

同时，高校"三全育人"管理实践，必须有高校"三全育人"管理理论的指导。在"三全育人"的办学思想指导下，思想明晰、方向明晰、目标明确、行为自觉、教育效果显著；有了正确的高校"三全育人"管理理论的指导，就会不断增强高校"三全育人"管理的有效性，进而提高高校"三全育人"时效性。为此，高校"三全育人"的管理者应在理论与实践中加强对思想政治工作的管理，并注意以其为武器，以其为指导，使其与实际紧密结合。

2. 高校"三全育人"管理与各项工作相统一

我们党一直非常重视意识形态工作，并且一直在加强意识形态工作。在我们党的历史上，无论是民主革命的胜利，还是社会主义革命和建设的取得的重大成就，都是以思想政治教育为保证的。把"三全育人"管理与学校各项工作有机结合起来，发挥高校"三全育人"管理对各项工作的保证作用，结合经济、政治、文化、社会等各项事务，在"结合""渗透"上下功夫，破除学校各项工作"两张皮"的弊端，这是当前学校"三全育人"中亟待解决的一个重要问题，也是学校"三全育人"时效性提高的一个重要方面。

（二）管理协调一致原则的作用

要坚持高校德育工作的协同性，就要强化德育工作环境，优化德育工作氛围。在优化和选择思想政治教育环境时，首先要意识到思想政治教育环境可分为校外思想政治教育环境和校内思想政治教育环境。高校思想政治工作的外部环境主要包括经济环境、政治环境和文化环境三个方面。高校思想政治工作的内部环境包括学习环境、文化环境、物质环境三个方面。高校思想政治工作的氛围对大学生的发展具有"潜移默化"的影响，尤其是在新形势下，更应该引起我们的重视。一是要以大局为重，维护稳定的政治环境；二是要引导学生了解和选择所处的环境，利用所处的有利条件，促进学生自身的发展；三是加强校园的有形的思想政治教育环境建设，良好的有形的环境对学生的人格塑造具有积极的影响，如校训、校雕、校画等的布置，体现学校的精神内涵，突出了学校的特色，同时还为校园的绿化与美化增添丰富的思想与文化内涵；四是要注意营造一种"无形"的意识形态，即从校风、教风、学风、师德和校园文化等方面入手，突出"意识形态"，用好"宣传栏""黑板报""广播电台""阅览室"等媒体，通过"艺术节""科技节""体育节"等形式，营造一种"积极向上"的意识形态，培养学生积极向上的精神面貌，形成一种系统化、科学化的学风，形成一种健康的生活方式。

四、注重实效性原则

（一）注重实效性原则的内涵

思想政治教育的实效性是其工作有效的一个特征，它体现了思想政治教育工作有效的程度。高校"三全育人"的根本要求是强调实效。高校"三全育人"的效果主要包括三个层面：第一，高校"三全育人"在促进高校毕业生德育工作中所起到的积极作用；二是高校实施"三全育人"，对推动社会和学校两个层面的发展所起到的作用；三是制度建设的有效性，也就是在制度建设中投入一定的人力、财力、物力、时间所能达到的作用与效益。

（二）注重实效性原则的作用

1. 遵循思想政治教育管理效益原理的体现

思想政治教育管理的效益原理揭示了思想政治教育管理的本质要求，是管理科学规律在思想政治教育管理中的运用。思政课教学管理的效益原则指出，所有的管理都是以求实效为目的，追求效率和效益。高校实行"三全育人"，就是要对高校思想政治教育中的各种因素、资源进行科学、合理地分配，以达到最大的效率、最少的损耗、最大的目的，从而培养出更多的优秀人才，更好地发挥其作用。管理原理是管理原则的基础和依据，有什么样的管理原理就要求有什么样的管理原则在实践中与之相适应。原理能够反映和揭示实践活动的规律，但不能直接作用于实践。只有根据原理中所揭示的规律，建立起相关的原则，并以此来指导管理人员实践，才能在实际工作中发挥出效果。坚持高校"三全育人"实效性原则正是体现了思想政治教育管理效益原理的基本要求，也是对思想政治教育管理效益原理的具体运用。

2. 克服形式主义弊端的需要

目前，虽然"三全育人"的工作得到了一定的加强和改进，但仍然存在着"花大力气"却"收效甚微""得不到学生的欢迎"的形式主义；高校进行了大量的思想政治教育，但真正能影响到学生的却不多；更多的是用体制来制约被教育对象，而很少有人能很好地解决思维上的问题。强调形式而忽视效果，强调当下而忽视长期，强调表面而忽视实质的趋势较为严重。一些教师没有认识到实效在事物发展中的决定作用，只是在走过场、走个形式，片面地追求"轰动性"。对思想政治教育的效果不够重视，没有以思想政治教育的实效性当作其命脉，造成了思想政治教育的实效性不够，思想政治教育的形象受到了影响，还有一些学生对思想政治教育产生了逆反心理。在高校"三全育人"实践中，以"实效"为中心，贯彻落实"实效"的基本原则，有利于增强高校"实效"的意识，促进"实干"的精神，提升高校"实效"的素质，降低或消除高校"形式主义"现象的影响。

第三节　高校"三全育人"
管理的目标和机制

一、高校"三全育人"管理的目标

高校"三全育人"的实施，既要遵循规律，又要遵循目标。"三全育人"的实践，必须确立学校的发展目标，明确学校的发展方向，确保学校的各项工作都能走上正轨。高校"三全育人"的管理目标是通过对高校"三全育人"的管理，实现高校教育所期望的效果。高校"三全育人"管理的目标主要有两个。

（一）高校"三全育人"管理的科学化

高校实施"三全育人"，其基本目标是实现对大学生的科学管理。行政管理的科学化是行政管理的规范化、法制化、民主管理、决策科学与管理流程科学相结合的结果。其中，决策科学化和管理过程科学化贯穿于管理规范化、管理制度化和管理民主化之中。

1. 管理规范化

高校"三全育人"管理规范化,就是从不规范的管理转变为规范的管理,其目的就是要使管理规范化。规范管理的基本特征是:条理清楚,原则明确,可操作性强,制度完善,机制完善,运作有序。在实施"三全育人"的进程中,规范的办学行为,是办学行为的具体表现。因此,在实施"三全育人"的过程中,必须遵循"实事求是"的原则,遵循大学生的思想政治素质的形成和发展的基本规律,遵循"三全育人"的基本原则,遵循科学的工作程序和工作方法,严格遵守规章制度,不掺杂任何私人情绪,确保"三全育人"工作和谐、有序、顺利进行。

2. 管理制度化

在实施"三全育人"的过程中,学校的管理工作也要实现制度化。为了使"三全育人"的实施更具可行性,应将学校的"三全育人"工作纳入学校的教育管理、学生的思想工作、学校的"三全育人"团队的建设中来。要使"三全育人"工作制度化,一是要使"三全育人"工作者对管理制度有一个正确的认识,加强对管理制度的认识,使其成为一种权威,不仅要积极地参加管理制度的制订、改进,而且要认真、自觉地遵守、贯彻落实;二是要强化制度建设,在中央文件和上级部门相关文件的指引下,按照国家的相关法律、法规,并根据学校的具体情况,对思想政治理论课的建设,对大学生的日常思想政治工作,对"三全育人"的队伍建设,都进行相应的规定和规定。

3. 管理民主化

在"三全育人"的过程中,管理的民主化是实现高校教育目标的一个关键环节。在学校"三全育人"中,要发扬民主,充分发挥民主的作用,将民主的思想贯穿于学校的各项工作,使学校"三全育人"的目标得以实现。要实现高校"三全育人"的民主化,就需要高校的领导干部要善于发挥高校"三全育人"团队和大学生的主体作用,要善于调动高校"三全育人"团队和学生的参与热情,要善于听取、吸收、采纳高校"三全育人"工作者、学生以及学校其他行政机关的意见和建议。

(二)高校"三全育人"管理的有效性

实现"三全育人"的科学管理,也是实现高校教育管理工作的一个根本目的。高校实施"三全育人",在实施过程中会带来三个方面的影响:一是对项目的执行具有积极的作用,即项目的执行将取得一定的效果;二是高校管理工作流于形式、走个过场,没有真正起到应有的效果,在某种程度上存在着无效率;三是对高校运营管理的消极作用，对高校运营管理造成了不利影响。如果产生了第一种结果，那就是运作的成功，运作的效果；如果有第二、三种结果发生，那就是管理的失败。高校实施"三全育人"的目的在于实现第一种结果，而要努力规避第二种和第三种结果。

衡量高校"三全育人"效果的标准，应包括以下几个方面：一是根据高校"三全育人"的工作现状，来判断大学"三全育人"效果的优劣；二是从学校的管理活动中，观察学生的思想政治素养的形成与发展，从而进一步推动学生其他方面的发展，最终实现他们的学习目标。三是从"三全育人"的管理实践中，考察其对大学生素质教育的影响；四是从学校的管理行为来考察学校的教学与科研等各项工作的和谐发展。

二、高校"三全育人"管理的机制

（一）高校"三全育人"管理机制的内涵和特点

"机制"一词原为机械学上的一个概念，用以描述机械的内部结构，各部件之间的联系，以及它们的工作方式，现已被广泛使用。基于这一理论，本文提出了三类机制：一是建构模式。"机制"从总体上讲，是由各种因素以某种方法结合在一起的；二是表现形式上的差异。在这一过程中，各要素之间始终存在着相互作用；三是生成方式。将这些元素按照一定的方法结合在一起，使这个系统产生，运作，并发挥特定的功能。"三全育人"的工作机制，是指高校思想政治教育各环节的组成模式、功能模式，以及这些模式对高校思想政治教育工作的作用与效果。"三全育人"是大学德育工作的重要组成部分，它的工作机制具有规律性、目的性、复杂性、弱结构性四个特征，即"三全育人"的工作机理。

1. 规律性

高校"三全育人"的实现，不仅不能被学校管理者或教育工作者的主观意志所左右，而且有其发生和存在的客观条件，也有其客观的必然性。"三全育人"要按照人的思维发展的规律来规划与实施，要适应人的思维模式的改变。因此，在高校"三全育人"中，必须尊重高校学生的客观存在特征，利用高校学生的个性特征，发挥高校学生的优势，使高校"三全育人"得到更好地落实。

2. 目的性

高校"三全育人"管理机制的目的性是指管理机制不仅为管理活动指明了方向，而且为管理活动所要实现的效果做出了明确的规定。"三全育人"是高等学校实施教育改革的重要目标，也是高等学校实施教育改革的前提。高校"三全育人"的直接目的，决定了高校"三全育人"必须具有科学性。高校"三全育人"的基本目标是实现大学"三全育人"的社会职能。在社会主义制度下，高校实施"三全育人"，必须让学生对自己在教育系统、社会系统中的角色有清晰的认知，并在此基础上，充分发挥其主体性、创造性、自由性、全面性；在中国特色的社会主义建设中，要充分发挥学校的功能，实现学校的经济、政治和思想文化三个方面的协调发展。

3. 复杂性

高校"三全育人"的管理机制是一个复杂的系统。首先，高校思想政治工作以大学生为研究对象，其思维模式的多样性和复杂性决定了其自身的特殊性。其次，意识形态的形成与认知的转变是一个长期的、复杂的过程。而且，人的思想具有重复性，新思想的出现、旧思想的克服，都是通过反复进行的。因此，高校"三全育人"工作面临着巨大的挑战。最后，社会意识是一种相对独立的东西，它可以在它所依附的社会主体消亡后很长一段时间内继续存在。与此同时，国外的敌对势力也会利用这一契机，对大学生进行思想上的渗透和颠覆。这就是为什么我们的思想政治工作既有长期性又有复杂性，这就使得我们对"三全育人"理念的独特性有了更深刻的理解。

高校"三全育人"管理机制的复杂性主要表现在以下两个方面。

(1)高校实施"三全育人"，是一个由多个因素组成的复杂体系。高校"三全育人"管理机制包括管理主体、管理方式和管理机制运行的目标，"三全育人"是一个由环境要素、过程要素、动力要素和保障要素构成的复杂体系。

(2)"三全育人"是一种动态的、可重构的、可持续的教育模式。高等学校"三全育人"管理体制的建立，是在工作内容、工作方式、工作激励、工作保障等方面的影响下形成的，一成不变的要素已无法适应现代管理体制的需要。同时，"三全育人"的管理机制也是一种不确定的管理方式，并没有固定的管理方式。这就要求我们要切实推进中国特色社会主义事业，使经济建设、民主政治建设、思想文化建设三者协调发展。

4. 弱结构性

结构是指系统及其组成部分的组织方式、整合方式。所谓的弱结构性，指的是系统的各个组件之间的关系发生了很大的改变，这些改变对系统的影响很大，对其产生了很多的影响，对其进行了定性的多，而定量的因素却很少，容易出现系统整体状态、特性、行为和功能存在很大的差别和变化，从而让人难以掌握的现象。由于"结构弱化"而产生的种种问题，恰恰是众多治理机制共同存在的共同特征。例如，经济管理机制的运作往往会受到管理主体、国际国内经济政治环境、经济成分、科学技术甚至自然条件等多方面因素的影响和约束，从而引起其结构的变化，这就需要不断地对管理机制进行调整。在高校实施"三全育人"的过程中，应坚持"原则性"和"灵活性""系统性"和"针对性""定性"和"定量"相结合的原则。

要正确认识高校"三全育人"工作的弱构性，要针对高校德育工作特点，采取灵活的方式，规避"硬性"管理；能够帮助管理者提升自己的系统意识，防止只注重某一要素或某一环节的构建，而忽视了整体管理机制，缺少全局意识；这对提升在管理过程中的预测能力有帮助，可以根据单一部分的变化来对整个机制的结构性变化做出判断，从而对管理行为进行及时的调整，让思想政治工作管理在一个健康的方向上进行运作。

（二）高校"三全育人"管理机制的内容

高校"三全育人"管理机制与思想政治工作管理机制密切相关，具体来说，主要包括导向机制、协调机制、激励机制和约束机制四方面的内容。

1. 导向机制

如何构建好高校"三全育人"导向机制，关系到高校能否坚持"三全育人"的价值取向，关系到高校能否充分调动"三全育人"的各种要素，让高校"三全育人"的各种要素更好地服务于"三全育人"的目标，并在"三全育人"中占有举足轻重的地位。高校"三全育人"管理导向机制是指高校"三全育人"管理组织所具有的引导高校"三全育人"管理对象在学校"三全育人"的管理目标中起到了积极的作用。

学校管理导向机制的构建，取决于学校管理导向的原则和管理准则等相关制度的贯彻和运用。要准确地把握学校"三全育人"的利益和需求，构建学校管理导向系统，并在此基础上建立高校"三全育人"目标的引导体系，实现高校"三全育人"的"需要""动机""行为""结果"之间的相互关联，使得高校"三全育人"的管理者尤其是"三全育人"的工作人员能够在一定的指导下，朝着一定的目标前进。

（1）高校"三全育人"管理导向机构的构成包括如下六个方面。

①目标导向。指高校"三全育人"管理主体通过向全体人员提出明确的高校"三全育人"目标、高校"三全育人"组织系统目标、高校"三全育人"管理系统目标，引导大家为实现这些目标努力工作。

②政策导向。在此基础上，进一步明确高校"三全育人"的指导思想，以提高

高校"三全育人"的质量，进一步明确高校"三全育人"的意义，并提出相关的措施与建议，以实现高校"三全育人"的目标。具体而言，可以分为三大部分：一是为"三全育人"工作成效而制定的导向需求；二是引导相关社会群体的需求；三是对个人提出的导向性要求。

③舆论导向。舆论导向，即"舆论引导"，是指通过舆论的力量，对高校内部人员的思想、行动进行引导，以达到学校管理的目的。在高校"三全育人"的过程中，舆论引导是高校"三全育人"的关键环节。在"三全育人"的大背景下，如何充分利用学生的主体地位，全面提升学生的整体素质，成为当前学生思想政治教育的一个重要课题。在高校里，舆论引导是高校实施"三全育人"的一个关键环节，它主要是指高校如何利用各种媒介，对高校里的"三全育人"政策和"三全育人"中出现的杰出人物进行宣传，进而引导和激励高校里的教师和学生关注并做好"三全育人"工作。

④行为导向。高校"三全育人"的行为引导机制，就是高校的各级管理者，特别是高级管理者，通过自己的行动，带动全体师生对高校"三全育人"的重视，自觉地做好高校"三全育人"工作，促进高校"三全育人"的发展。学校"三全育人"的行为导向，就是高校"三全育人"的领导层不仅要动员全体职工，重视和支持高校"三全育人"，而且要成为高校"三全育人"的模范；我们不仅要积极筹备相关的文件，推进"三全育人"，而且要在工作中做到表率作用，引领和落实好"三全育人"。

⑤用人导向。在"三全育人"的管理中，用人导向是最有效的引导机制，是否及时、以何种标准来提升"三全育人"的工作人员，是关系到"三全育人"工作能否顺利进行的根本问题。在选拔、任用干部时，不能靠关系，不能靠"票数"，不能靠年资。这就要求我们要在"三全育人"中，始终把成绩当作是"三全育人"的评价尺度，真正确立"公开、平等、竞争、择优"的用人观念，坚持标准，公平，公正，以德，以才，以实绩来确保"三全育人"工作的顺利进行。

⑥评估导向。高校"三全育人"工作的评估导向，就是高校"三全育人"工作的实施主体，根据某种评价准则，通过对高校"三全育人"工作的具体内容和具体效果的价值评判，来指导高校"三全育人"工作的具体内容和具体效果，并以此来指导高校"三全育人"工作的具体实施，以实现高校"三全育人"工作的具体目标。目前，随着教育部对普通高等学校的教学质量进行评估，"三全育人"被纳入到评估指标体系之中，评估导向作用在普通高等学校"三全育人"中的作用越来越明显，并逐渐成为一种有效的引导"三全育人"的手段。

（2）高校"三全育人"管理导向机制的建设要求主要有三个方面。

第一，在高校实施"三全育人"的过程中，要体现出教育目标的重要作用。在高校"三全育人"系统中，引导机制是高校"三全育人"系统中的关键一环，其主要作用是对高校"三全育人"进行引导，从而实现高校"三全育人"目标。高校"三全育人"的管理目标就是高校"三全育人"的具体体现，高校"三全育人"的所有工作都要围绕"三全育人"的这一目标展开。这就意味着，高校"三全育人"的所有举措都必须服从并为高校"三全育人"的宗旨服务，必须将"三全育人"的价值定位在推动"三全育人"的目标上，必须将高校管理对象的利益与需要与高校"三全育人"的目标联系在一起，并以此指导"三全育人"工作者为高校"三全育人"的目标而努力。

第二，在实施"三全育人"的过程中，应充分认识到其在高校教育中的普遍意义。在高校实施"三全育人"过程中，引导机制能否有效地发挥其功能，对于实施"三全育人"的目标是否具有普遍性的影响，将直接影响到实施"三全育人"过程中所要解决的问题。为此，在构建高校"三全育人"体系时，既要注重高校"三全育人"的效果与目标的普遍性，又要顾及高校"三全育人"体系中每一位"三全育人"人员的利益与需求，在"三全育人"体系中，要使每一位"三全育人"人员都享有平等的权利，不能设置任何歧视性或排他性条款。这样，就形成了一个可以为各高校"三全育人"组织和"三全育人"工作者所具有的普遍意义的指导思想。

第三，在高校"三全育人"的指导机制中，应始终坚持稳定和灵活相结合的原则。高校"三全育人"的管理导向体系的稳定，是指高校"三全育人"对人的指导是一种有针对性的、持久的、高效的工作过程。为了保证高校"三全育人"工作跟上时代的发展步伐，高校"三全育人"工作必须及时调整，这样才能使大学"三全育人"工作既能适应新形势，又能体现出大学学生的自主性，使高校学生能按照自己的偏好，理性地规划大学的发展，达到高校发展的目的。这样一来，便出现了稳定性与可塑性之间的矛盾。稳定性强，可塑性变弱；可塑性强则稳定性就弱。这就要求我们进行高校"三全育人"管理导向机制的建设时必须要重视稳定性与可塑性的统一。

2. 协调机制

加强高校"三全育人"体系的协调，是建立和健全"三全育人"体系的关键。在高校"三全育人"管理系统的建设中，建立有效的协调机制对于提高高校"三全育人"管理水平，创造出一个团结一致的高校"三全育人"组织整体并有效地开展高校"三全育人"工作，实现"整体功能大于部分功能之和"的目标具有重要意义。大学"三全育人"的协调机制，是指大学"三全育人"过程中，借助于制度和文化等手段，适时地建立起一套能够使大学"三全育人"过程中的各个要素和大学"三全育人"过程与外界环境相协调的功能，从而增强大学"三全育人"过程的总体功能，最终达到大学"三全育人"过程的目的。高等学校"三全育人"管理协调机制的主要功能在于，对系统（部门、单位）内部党政群（以大学生为主）组织之间的协作进行协调；在"三全育人"工作中，对系统（部门和单位）和各个学校之间的关系进行协调；协调系统（部门、单位）与各家庭、社会共同开展教育的有关工作。

（1）高校"三全育人"管理协调机制主要由以下四个方面构成。

①会议协调制度。协调会议，是指按照协调的要求，将有关各方召集在一起，以一种统一的形式，共同商讨有关事项的会议。在这一过程中，各方面都能相互交流信息、提问题、交流意见、讨论对策、取得共识。会议的协调能够使相关人员对全局有一个更好的了解，改变自己的狭隘想法，通过讨论，能够形成一个一致的意志，在实施过程中，相互配合，形成整体合力。

②访谈协调制度。"访谈"就是与"三全育人"工作人员进行交谈，了解他们的工作状况，解决他们在工作中存在的问题，协调他们的各种工作。不管有没有存在问题，"三全育人"的领导者都应该坚持走到"三全育人"的基层一线去调查研究。采访"三全育人"工作者，可以帮助他们克服负面情绪、树立自信、提高自我形象、提高工作积极性，从而为"三全育人"事业作出新的贡献。同时，通过访谈，可以提高基层高校"三全育人"人员对组织的认知、对组织的看法，从而推动高校"三全育人"管理人员与高校"三全育人"基层人员之间的协作，达到上情下意，最终达到高校"三全育人"的目的。

③指导性协调。鉴于"三全育人"过程中所涉及到的特殊关系，如何对其进行引导和协调，已成为目前学生思想政治工作中亟待解决的问题。"指导"是指在实施"三全育人"过程中，人们对"三全育人"过程中可能出现的一些理解和实施上的偏差，旨在使"三全育人"过程在思想和行为上达到统一。指导的一种形式就是建议，建议就是指导"三全育人"的管理者向指导"三全育人"工作人员提供的一种有形的、可以影响别人的观念，或者是一种替代的、期望被别人采纳的方法。这样的建议通常是由被建议的人自己决定的，所以和命令是不一样的。此外，还有一种指导即说服。说服是一种更有力的建议。就是用劝告，催促，引诱等手段，劝说人们去做一些事情。这一方案中包含了一些施压的成分，但是并没有强制的成分。

④文化协调。文化协调性是一种"看不见的协调性"，虽然没有协调人，但却

无时无刻不在发挥着协调作用。在"三全育人"的过程中，应建立一种能够被所有人所认同的、能够被所有学校所认同的价值观念，从而使高校中的每一个人都能做到这一点。追求无形的协调作用出发，在高校"三全育人"的协同机制中，把整体意识、牺牲精神、协作精神、和谐等价值观与高校文化相融合，是高校文化协同的一个重要方面。

（2）高校"三全育人"管理协调机制的建设要求主要有以下三点。

第一，构建"三全育人"的高校教育理念。要有一个明确的方向，即要有一个共同的目标，即大家都要为一个共同的目标而奋斗。美国著名的经营学家巴纳德曾提出，个人的利益常常与公司的公众利益发生冲突，个人为实现公司的公众利益而做出的贡献，常常是既想实现公司的公众利益，又想实现个人利益。巴纳德认为，一个组织中的成员对其共同目标的认知，可分为两种类型：一是协作性的认知，即从组织的总体利益出发，从组织的总体利益出发，对其进行客观的认知；二是"个人性"，也就是组织中的每一位成员，都以个人的视角，以主观的方式来看待他们所要达到的共同目标。当企业的共同目标比较复杂和抽象时，这两个目标常常会产生矛盾。这就对管理者提出了更高的要求，那就是要处理好个人目标与组织共同目标的矛盾，要使组织成员更加深刻地认识到组织共同目标，并尽量避免两者的不一致，甚至产生误解。这就要求我们对"三全育人"的内涵有一个准确的认识与掌握，并将其作为高校"三全育人"的管理目标，具体表现为对高校"三全育人"的个体化追求。高校"三全育人"的社会共识是高校"三全育人"目标达成的前提，高校"三全育人"目标应根据高校自身的发展状况和高校所处的社会环境而适时地进行动态的调整。如果没有对高校"三全育人"的统一远景，高校"三全育人"工作者的合作意识就不可能得到发展。没有共同的高校"三全育人"愿景，高校"三全育人"的工作人员就不知道自己应该做什么，不知道合作的成果能给他们带来什么样的满足感，就无法激发他们的合作意愿，也就无法开展合作。可见，在高校中建立一个"三全育人"的共识是十分必要的。

第二，提高合作的意愿。高校"三全育人"的共同意愿，即高校"三全育人"的工作人员为高校"三全育人"的总目的而进行的一种共同的奋斗。所谓"合作意愿"，指的是抛弃自己的意愿，将自己的决定交给组织，将自己的行动进行整合，从而使自己的行动得以实现。相反，在高校"三全育人"系统中，如果没有共同的意愿，就难以保持协同。由于"三全育人"的员工素质不同，所以，即便是同一名员工，在工作上的积极性，也是会随着时间的推移而变化的。因此，高校"三全育人"组织内协作意愿总是不稳定的。另外，个人协作意愿强度的高低，取决于自己提供协作而导致的"牺牲"与高校"三全育人"组织因为自己的协作而提供的"诱因"这两者之间的比较。因此，高校"三全育人"管理机构要想提升高校"三全育人"工作人员的合作意愿，就必须在一方面为高校"三全育人"所带来的必要的激励因素；二是要利用说服的力量，在高校里激发"三全育人"工作者的主体性，培育他们的团队合作精神，激励他们热爱岗位，用心教育，努力为社会服务。

第三，要加强信息沟通。高校"三全育人"体系如果不能建立起有效的信息交流机制，就不可能有效地实施。大学"三全育人"的主体的合作意愿和大学"三全育人"的组织的合作目标是相互联系的，相互融合的，相互促进的，这对大学教育的改革具有重大意义。高校"三全育人"主体之间如果缺乏有效的信息交换，高校"三全育人"主体之间就无法了解高校"三全育人"主体的合作意向和合作力度，进而无法统一和协调高校"三全育人"主体的行为。为此，加强各部门间的信息交流，是建立各部门间"三全育人"协作机制、达到"三全育人"目标的前提，也是各部门之间建立健全"三全育人"协作机制的基础。

3. 激励机制

高校"三全育人"管理激励机制就是指高校"三全育人"管理组织以人的需求、动机与激励功能之间的内在联系为基础，以激励高校"三全育人"管理对象积极进取作用的机能。在高校"三全育人"的指导下，构建高校"三全育人"的动力系统，就是要把高校"三全育人"人员的利益（需要）、动机、行为、结果（目的）等因素，以政策、制度等为载体，把高校"三全育人"人员的利益（需要）、动机、行为、结果（目的）等因素联系起来，形成高校"三全育人"的动力系统，并形成一套具有自身增值和活力的高校"三全育人"系统。大学"三全育人"的激励机制是高校"三全育人"的特有功能，其作用在于为高校"三全育人"提供内部驱动力，加强、激发各方面因素，使高校"三全育人"体系焕发出勃勃生机与活力。充分发挥这一功能，能够让高校里的"三全育人"工作者真正感受到劳动有所收获，学有所用，才能得到施展，功绩得到奖赏，从而进一步提高高校"三全育人"体系的建设水平，做好高校的思想政治工作，起到积极的促进作用。

（1）高校"三全育人"管理激励机制的构成主要包括以下六个方面的内容。

①物质激励。所谓物质激励，就是通过各种经济途径和方法，如工资、奖金、物质奖励等，使高校"三全育人"工作者取得满意的成果，从而激发老师们参加高校"三全育人"的热情，从而达到高校"三全育人"的目的。在"三全育人"过程中，以物质奖励和惩罚为主要内容的教育教学活动，在"三全育人"过程中发挥着不可忽视的促进作用，是一种促进学校发展的一大动力。在高校实施"三全育人"

的过程中，适当使用物质激励方法，既能实现高校教育的目标，又能充分激发高校教师的工作热情。在具体落实学校"三全育人"时，应坚持实用性导向，把"三全育人"的目的与物质激励结合起来，特别要对一线的"三全育人"工作者予以特殊照顾。

②文化激励。"文化激励"指的是通过优秀的学校文化来激励、动员和推动学校"三全育人"的目标。这种激励作用，往往可以让"三全育人"工作者更加坚定信念，真心实意地为学校的发展奉献自己的一份力量。文化对人的影响、对人的塑造、对人的影响是不一样的。高校的思想政治教育，业务培训，团队学习，危机处理，形象塑造，是高校文化教育的重要内容。在此基础上，不断创新文化激励方式并加以制度化，就构成了持续发挥作用的稳定的文化激励机制。

③工作激励。在"三全育人"的大环境中，对从事"三全育人"的人员进行工作激励，实质上是为他们的职业生涯开辟一条畅通的道路。马斯洛的需求层级理论认为，物质需求只是人生命中的最底层需求，而精神需求则是人生命中最高的需求。工作上的进步是一个人实现自我的需求，帮助他人工作上的进步会使他自己的进步更大。因为不同的人的需求不同，所以我们应该针对不同的情况，制定不同的工作计划，以满足不同的需求为目标，充分调动员工的积极性。

④奖惩激励。在高校"三全育人"工作中，"三全育人"工作者的奖励与惩罚，主要是根据他们的成就与行为的成效，按照有关部门的规定，给予他们适当的奖励与惩罚。一般来说，对员工的激励有：奖金、升职、认可、荣誉、晋升；处罚方式包括批评，罚款，行政处分等。奖惩措施是强化激励效应的外在体现。

⑤竞争激励。在高校"三全育人"中，竞争性激励是高校"三全育人"的一种方式，它通过体制、组织等方式，将竞争性引进高校"三全育人"体系，以促进高校"三全育人"工作人员之间的相互竞争，甄别出优劣，从而激发高校"三全育人"工作人员勤奋工作的积极性。高校"三全育人"管理中的竞争分为个人竞争和团队竞争；岗位竞争和成果竞赛；部门内外的竞争。

⑥自我激励。作为高校"三全育人"管理激励体系的一部分，自我激励是高校"三全育人"管理主体引入的高校"三全育人"工作者自定目标、自我承诺、自负压力的激励过程。在相同的情况下，个体的自觉性往往较其他类型的自觉性更强，更深刻，更持久。

(2)高校"三全育人"管理激励机制的建设要注意以下几个方面。

第一，加强对"三全育人"的领导干部的激励。提高"三全育人"管理者的管理层次，就是要提高他们对"三全育人"的满意程度，这种满意主要体现在对他们的精神需要上。强化激励理念，善于激发员工的积极性，满足员工的多元化需要，在"三全育人"中发挥着关键作用。在"三全育人"过程中，学校的管理者要根据"激励"的需要，正确处理好与被管理者之间的关系，尊重、信任、平等对待，从而让被管理者对自己有一种亲近、信任的感觉。

第二，激励措施要体现公平性。在建立"三全育人"的激励机制过程中，要做到公平，不公平，就不利于"三全育人"的工作情绪和工作效率的提高，也不利于激励的效果。在高校中，"三全育人"工作取得了同样的成绩，应获得同样的奖励；对于相同的错误，也应该有相同的处罚。如果做不到这一点，高校"三全育人"管理者宁可不奖励或者不处罚。高校"三全育人"的管理者对"三全育人"的工作人员要一视同仁，不能有任何的偏见，不能说不公平的话，不能做不公平的事，否则，这样的激励机制就会失去作用。

第三，激励措施要因人而异。因为每个人的需求不同，所以对每个人采取的激励方法也不同。美国行为者麦克利兰认为：人有三大基本需要：第一种，是人权需要；一个对权利有很强欲望的人，会很在乎自己对别人的影响力和控制力；第二种，则是社会需求。有社会需求的人，往往能从友情中获得乐趣；第三种，则是有一定成绩的人。想要有所建树的人，既渴望成功，又非常害怕失败。这些人乐于迎接挑战，并为自己设定了某种困难(但并非不可能)的目标。成功人士需要在一个可以自己处理问题的工作环境中，充分利用自己的长处。只有这样，他们才能在没有任何奖励的情况下，继续努力工作。他们只是通过自己的努力来解决问题，从而获得成功。如果问题是通过他人的协助或者是机缘巧合才得以解决，他们就不会觉得满意，也不会觉得有什么收获。因此，企业要给这些人一些有挑战性、有一些独立性的工作，才能充分调动他们的积极性。[①] 美国行为学家阿特金森曾经说过：没有一个人在任何情况下都是最佳的，也没有一个个体在任何情况下都具有最大的生产力，也没有一个普遍的动机效应可以普遍地应用到任何工作中。因此，在高校实施"三全育人"的激励体系中，应注重根据人才的素质、心理特点，制定有针对性的激励方案。

第四，激励手段应多样化。美国管理学家梅奥曾为员工归纳出六个重要因素，即：报酬、工作、升迁、管理、机构、工作氛围。因此，在实施"三全育人"的过程中，必须从六个方面入手，以实现"三全育人"的激励手段的多样化，并在一定程度上实现对"三全育人"的社会、心理等因素的有效激励，从而实现"三全

---

① 隆瑞.世界著名管理学家管理法则全书[M].北京：中国对外翻译出版公司，2004：969.

育人"的目标。

4. 约束机制

如果失去了约束，任何事物的发展都会偏离正轨。高校"三全育人"体系是指以人为主体、结构和功能所构成的一种有目的、有结构和有功能的人的机构。因此，要使它能够更好、更高效地发挥作用，就需要对其进行法律的限制。这不但适用于整个机构，也适用于每一个人。在"三全育人"中，如何构建科学有效的监管和约束体系，以更好地发挥其作用，从而更好地促进大学生的全面发展，更好地为学生提供更好的教育服务。高校"三全育人"的运作制约机制，是指高校"三全育人"组织中，为实现自身目标，在高校"三全育人"组织中，对教师的行为进行制约的作用。教师纪律是高校"三全育人"中的重要一环，具有规范、约束、威慑、警示等作用，是高校"三全育人"工作健康、有序、有效地进行的重要保证，对增强高校"三全育人"工作的实效性具有不可替代的作用。在"三全育人"过程中，各种制约因素共同作用下，形成了一套完整的、有针对性的、可操作的、有组织的、有纪律的管理制约体系。

(1)高校"三全育人"管理约束机制由以下三方面构成。

①法规约束。制度的制约是指以法律、制度和规范的形式，来规范高校"三全育人"主体的行动。它是一种刚性、广泛性、稳定性较好的、具有一定普遍性的、稳定性较好的"三全育人"的管理制约机制。

②体制约束。体制制约是指管理制约。与制度约束相比，管理体制约束指的是一种以明确组织结构部门职责、相互关系和工作程序为前提，构建出一种管理模式，将上下级之间和部门之间形成相互联系、相互监督、相互制约的关系，并将其与约束功能结合起来，构成一种约束机制。高校"三全育人"实施过程中，应尽量避免或减少这一偏离，以使高校"三全育人"取得最佳成效。

③文化约束。文化约束是一个大概念，它包括高校思想道德约束、自我约束、舆论约束和社会环境与社会心理约束。

(2)进行高校"三全育人"管理约束机制的建设有以下几方面的要求。

第一，要依法约束。约束必须要有规律，不然就会产生混乱。"以法为本"的原则，这就是要在"三全育人"的运行中，对学校实施有效的监管和约束。首先，在高校"三全育人"工作中，应以国家的相关法律和制度为主要的制约标准，如《中华人民共和国高等教育法》《中华人民共和国教师法》，中共中央、国务院《关于加强和改进新形势下高校思想政治工作的意见》等。其次，要按照国家有关法律、法规，制订出一套在自己系统(部门、单位)中的思想政治工作管理办法，对工作程序、工作关系、工作要求、工作纪律等进行规范。再次在实施"三全育人"的同时，要按照国家有关法律法规和自己的规章制度，规范学校的工作，不能有任意的限制。

第二，要适度约束。适度约束就是要把握约束的尺度和强度。在"三全育人"中，不能因此而导致对违法乱纪的制约力度不足，限制范围过宽，进而影响到工作人员的积极性与主动性。因此，在构建高校"三全育人"的监督与制约机制时，有必要深入分析、探讨高校"三全育人"中各主体的行为模式与特征，以更好地指导高校"三全育人"。概括地说，高校"三全育人"组织与高校"三全育人"工作人员的行为可以划分为四种类型：一种是高校"三全育人"工作中的"三个主体"，主要由高校党、政、部门领导承担；第二种是以"三全育人"的工作人员为主体承担的大学生思想政治工作的行为；第三种是以"三全育人"工作者为主体承担的高校"三全育人"的日常工作；第四种是高校"三全育人"的科研活动，其主体是高校"三全育人"的理论研究者和高校"三全育人"的实践者。在"三全育人"中，各高校对学生的制约在形式、强度等方面各有差异。加强对"三全育人"管理活动的规范，要认真、仔细，坚决防止"三全育人"机构与管理人员出现失职、官僚主义、贪污腐化等现象；要对高校的思想政治理论工作进行严格的监督和检查，以防止在高校中存在不健康的思想传播等问题；在高校开展"三全育人"的过程中，要突出和检验高校"三全育人"工作人员的敬业精神、责任感和纪律性；在"三全育人"的科研活动中，应该消除一切限制，以激励学生的创造性。

第三，要重点约束。在高校"三全育人"中，由于出现问题的可能性和严重程度的不同，其约束力的强弱也不同。这就要求我们不要将全部精力放在限制的落实上，而要找到限制的关键点，从而在"三全育人"的限制机制的构建与限制的实施中，把握其要害，保证限制的效果。在"三全育人"进程中，权力集中区，特别是涉及集体和个人的权利主体，是高校"三全育人"管理监督约束的重点，高校"三全育人"领导干部是高校"三全育人"管理约束对象的重中之重。在实施"三全育人"的进程中，我们要始终以一种严格的自我要求来要求自己。

第四，要有效约束。要使高校"三全育人"得以正常运行，使高校"三全育人"得以实现，就必须建立起一种对高校"三全育人"进行有效的监督与约束机制。加强对"三全育人"的监督与制约，是为了防止"三全育人"过程中产生混乱，防止"三全育人"过程中出现不规范现象。这一目标能否实现，是测试这些制约机制能否有效运作的唯一标准。离开了"三全育人"的有效性，对它的执行也将变得毫无意义。当前，如何对"三全育人"进行有效的管理与规范，是高校开展"三全育人"

的一个重要方面。要提高高校"三全育人"管理约束机制的有效性，就必须做到以下方面：首先要有大局观，以"三全育人"为终极目标，以大局为指导，科学选取制约因素；要依法办事，保证制度构建的合理化；应根据时代、环境和主客体等因素，适时地调整约束的作用和内容；权利，责任，利益，三者相互配合，保持均衡，三者缺一不可。通过对这些约束机制的建立，可以使高校"三全育人"的组织和工作人员的行为更加规范，有利于改进高校"三全育人"的管理体制，有利于增强高校"三全育人"队伍的整体素质，最终实现高校"三全育人"的目标。

第六章

新时代高校"三全育人"运行机制研究

随着中国特色社会主义进入新时代，我国社会的主要矛盾已经转化为人民日益增长的美好生活需要和不平衡不充分的发展之间的矛盾。在这样的背景之下，推动教育教学全过程的发展，实现全程育人、全方位育人，促进素质教育的全面发展，培养社会主义建设者和接班人，这是新时代赋予教育战线的神圣任务。① 在全国高校思想政治工作会议中强调，要坚持以"立德树人"为中心环节，把思想政治工作贯穿于整个教育教学活动的始终，不断地为我们的教育事业再创新的辉煌。② 《关于加强和改进新形势下高校思想政治工作的意见》围绕新时代高校"培养怎样的人""怎样培养人""为谁培养人"的根本问题，全面部署和系统规划了全员、全过程、全方位"三全育人"的目标、原则、内容、要求、方法和举措，为我们构建新时代高校"三全育人"的运行机制提供了根本遵循。为保证新时代大学"三全育人"的目标和任务的实现，必须建立一套以领导机制为中心、以协同机制为主体、以保障机制为依托的运行机制，只有构建上述"三位一体"的运行机制，才能助力新时代高校"三全育人"，才能办好中国的高等院校，也才能为全面建设社会主义现代化国家提供源源不断的人才供给和智力支持。

在此基础上，本章从领导机制、协同机制、保障机制三个角度，对新时代高校"三全育人"的实施机制做了较为详尽的阐述，并提出了相应的对策建议。

第一节 "三全育人"领导机制

构建高校"三全育人"体系，深化"三全育人"，是一个涉及学校各个层面和部门的广泛而复杂的系统工程，涉及的领域很广，涉及的部门多，人员多，相互间的关系也很复杂，所以，要确保"三全育人"的实施，就需要有一个统一的、强有力的领导体系。

一、高校"三全育人"领导机制的概念分析

领导力是指在特定的情况下，对个体或团体进行引导和影响，以达到特定目的的一种行为。《中国共产党普通高等学校基层组织工作条例》明确规定，学校应

---

① 中共中央．国务院印发《关于加强和改进新形势下高校思想政治工作的意见》[N]．人民日报，2017-2-28(1)．

② 董秀娜，李洪波．高校"三全育人"协同机制构建研究[J]．思想教育研究，2020(8)：148-152．

实行"党委领导下的校长负责制",并明确规定,"党委是学校发展的领导核心和总指挥棒"。以此为指导思想,在学校"三全育人"中,应着力构建党委统一领导,党政群团结一心,全体教师积极参加的领导体制和工作体制。学校"三全育人"中学校党委作为主要的领导,制定学校"三全育人"的方针,研究学校"三全育人"的重大问题,制定学校"三全育人"的策略与政策,组织与协调学校相关部门与单位开展"三全育人"活动。需要指出的是,"三全育人"模式的"全员育人",不是指不分轻重缓急,不是指不分职责大小,不是指所有的教师都平均分担教育工作,而是指教师在教育团队中形成了一套制度,形成了一套教师在学校党委的领导下共同努力的教育制度。①

二、高校"三全育人"领导机制构建的必要性

(一)构建"三全育人"领导机制是高校育人工作坚持正确政治方向的必然要求

新时代下,高等学校要永远走在正确的政治道路上。办好中国高校,要高举马克思主义大旗,以中国特色社会主义为指导,以"四个意识"为导向,以"四个服务"为宗旨,以"以人为本"的办学理念,以中国的智慧、中国的方案,以中国特色为基础,坚持以学生为中心的发展思想,探索为社会发展和人类文明做出贡献的大学之道,为建设中国特色世界一流的大学贡献中国智慧和中国方案,使中国特色社会主义成为高校最鲜亮的底色和最强大的底气。所以,如何培养人,培养什么样的人,是高校的重大职责,而坚持正确的政治方向是高校的基本职责。在高校开展"三全育人"工作中,要始终把握住正确的政治导向,用党的先进理论、路线、政策来指导全员、全方位、全过程的教育,确保教育工作在正确的轨道上进行。而要实现这一目标,就要构建以党委为中心的统一领导体制。当前,我国高校实行的是"党委领导下的校长负责制",确立了"党委领导"在"三全育人"系统中的领导和核心作用。

(二)构建"三全育人"领导机制是高校育人工作顺利有序实施的现实需要

高校实施"三全育人",是一项综合性的系统性的工作。《高校思想政治工作

---

① 范小风.论新时期高校"三全育人"德育模式及其运作机制[D].华东师范大学,2011.

质量提升工程实施纲要》中，对课程育人、科研育人、实践育人、文化育人、网络育人、心理育人、管理育人、服务育人、资助育人、组织育人等十个体系进行了规划。这"十大"体系，基本上覆盖了学校的管理，教学，科研，后勤，涵盖了高校的各个专业、各个部门、各个岗位的各个方面。为了更好地推进"三全育人"这个巨大的系统的高效运转，需要明确各个层次、各个部门、各个岗位的角色与责任，形成互相配合的工作模式，其工作量与难度都是很大的。

以此为依据，发挥党委的领导作用，加强对学校"三全育人"工作的统一指导和协调，集中思想，集中力量，使学校各个部门和岗位都能发挥作用，形成一个统一的，高效的，有序的"三全育人"工作机制，以保证"三全育人"工作的顺利开展，使学校的"三全育人"工作真正落到实处，结出硕果，培养出一支具有中国特色的社会主义现代化建设队伍。

三、高校"三全育人"领导机制构建的实现方式

在"三全育人"中，学校领导班子要起到表率的作用，对重要的事情要做好统筹安排，然后由学校党委来贯彻落实。必须自上而下抓好党建工作，必须加强教师道德修养，必须做到学以致用，必须做到"知行合一"。要进一步强化党的政治生活，创造良好的学习环境，在思想上要严、作风上要严、标准上要严、要求上要严、管理上要严，用党建带好人才，为学校"三全育人"的目标提供有力的组织保障。

首先，高校党委是学校各项事业的领航人，要把"三全育人"思想贯穿于办学治校之中，切实担当起全面从严治党的主体责任。① 要从新时代的特点入手，密切结合高校自身的实际，把方向、管大局、做决策、保落实，使高校始终能够成为坚持党的领导的坚强阵地。一是坚持社会主义办学方向，丰富新时代党建工作的内涵，明确党建工作的重心，把党建工作落实到立德树人这一根本任务上来，用新时代中国特色社会主义思想教育和引导广大师生投入到"三全育人"工作中。二是在规划中明确自己的位置，坚持"以人为本""以生为本"，科学决策，民主决策，以"质量立校""人才强校""文化兴校""品牌立校"为目标，确定自己的发展方向。三是要坚持以问题为导向，以解决高校发展的不平衡、不充分问题为最终目的，强化改革创新的力度，加强高校的顶层体制设计，对高校的发展进行精确的

---

① 孙若梅．"三全育人"视域下高校党委主体责任的实践路径[J]．当代教育实践与教学研究，2019（4）：138-139．

规划，并持续推出行之有效的措施，强化发展优势，弥补问题的不足，以培养学生的素质为核心，努力解决高校各项工作中出现的问题。四是学校党委要认识到内部和外部的发展态势，积极回应新的变化、新的要求和新的挑战，根据自己的实际，科学地制定出一套适合自己的发展方向和行动计划，进行长期的规划，并对下级党组织落实上级党组织的职责进行合理地界定。要重点部署、严抓落实，对学校事业发展的重点领域和重点环节开展党建工作的督导检查，对没有落实到位的问题进行严格督办，限期整改。强调党委书记作为党建工作的第一责任人，必须在思想上进一步提升，认清自己的职责所在，在计划安排上，不能推卸责任，要以务实的态度，务实的措施，务实的作风，把当前的重点工作放在自己前面，抓住关键问题和关键环节，加强党建工作与"三全育人"的统筹兼顾，高质量、高效率地推动党建工作。

其次，在实施"三全育人"的过程中，党支部作为基层组织，同样肩负着重要的使命，应从党员教育要有力、党员管理要有力、党员监督要有理、师生组织要有力、师生宣传要有力、师生团结要有力、师生服务要有力七个方面发力，积极探讨如何增强基层党组织的组织力、战斗力。各级党委要认真贯彻执行本单位党建工作责任制、"三全育人"责任制，充分发挥党组织的领导作用，形成一级抓一级，层层落实的责任链，让每一个支部书记都负起自己的责任。另外，以标准化的组织体系为依托，积极发掘和培养"三全育人"示范党总支、党支部，努力创建一批有载体、有特色、有成效的"三全育人"先进党支部。

再次，党支部书记作为党建工作的老兵，他的基本任务是指导教师和党员在攀登科研高峰的过程中，充分发挥党员的先锋模范作用，帮助他们突破困难，做好言传身教的实践者，让学生和老师们都能积极地参加到教育教学改革工作中来，持续培养出优秀的人才。[①] 在"三全育人"落实方面，党支部书记需要做到以下"五个坚持"。一是要坚持正确的导向。在党支部的建设过程中，第一步就是要坚持正确的政治方向，利用日常的思想政治理论学习，来对广大党员教师进行自我意识的增强，对党性进行锤炼，提升党性修养。二是要坚持以政治为导向。在教师利用教学、科研等活动来进行教育实践的过程中，要突出政治要求，指导教师要坚持自己的政治立场和原则，强化对学生的价值观的引导和塑造。三是坚持以示范引领为导向。要重视教师的心理健康，要主动引导他们抵制不正确的观

---

① 吴宝海．组织育人视域下的"双带头人"培育路径选择[J]，江苏第二师范学院学报，2019，35(5)：34-36.

念、不正确的言辞，坚持思想政治教育的主导地位，激发他们在"三全育人"中的主导性和示范性。四是坚持以制度为导向。要构建一个科学的、人性化的服务体系，使教师能够用一种良好的心理来传播先进的思想和理论，从而使他们能够更好地发展。五是坚持创造性地指导。要创新党建工作方法，指导教师把党建工作融入自己的专业工作中，全面做好教育工作。

最后，"三会一课"制度是党的组织生活的根本制度，它是党的基层支部都要坚持的一项重要制度，也是完善党的组织生活、严格党员管理、强化党员教育的一项重要制度。所谓"三会一课"，是指定期召开支部党员大会、支部委员会、党小组会，按时上好党课。① 实行这一制度，对于强化党的建设，增强党的团结、战斗力，具有十分重要的意义。利用"三会一课"等各种形式，让党员对重大问题进行民主讨论，不断地学习党的路线、政策、时事、政治，在提高党员的政治觉悟同时，把学校"三全育人"工作和"三会一课"建设有机地融合在一起，形成对学校德育工作的共识，探索学校德育工作的有效方法。

第二节 "三全育人"协同机制

"三全育人"即"全员育人、全过程育人、全方位育人"，是把立德树人作为教育的核心内容，多主体、多环节、多因素、多层次的综合育人方式，目的是要充分调动一切教育资源，在内外要素间进行物质、信息的交流，借助各方面的力量，使整个教育体系不断向前发展。从"三全育人"的本质来看，这一思想高度契合了德国科学家赫尔曼·哈肯提出的发挥系统内部和各子系统之间的协同性可以提升整个组织的功能和稳定性的协同理论。②

在推动"三全育人"过程当中，各方面的协同扮演着十分重要的角色，育人的主体力量、各个环节和资源平台之间必须要团结协作，形成协同机制。③ "三全育人"协同机制，是立德树人、培养社会主义新时代的接班人、德智体美劳全面发展的新时代的必然选择。

---

① 王锐. 从严落实好"三会一课"等制度探析[J]. 理论学刊，2019(3)：33-39.
② [德]赫尔曼，哈肯. 协同学：大自然构成的奥秘[M]. 凌复华译，上海：上海译文出版社，2005.
③ 董秀娜、李洪波. 高校"三全育人"协同机制构建研究[J]. 思想教育研究，2020(8)：148-152.

一、高校"三全育人"协同机制的概念分析

"三全育人"与赫尔曼·哈肯的协同性教育在其核心理念与动力源泉上具有高度的同一性。首先，二者均以"系统论"和"整体论"为依据而构成。协同理论认为所有的生命都密切相关，从单细胞生命开始，到复杂高端的人类，所有生物体之间都在复杂系统之中直接或间接地相互联系。[①] "三全育人"的思想则进一步强调了高校的教育必须以综合性和多样性为基础，不能只依赖一种因素，而要将各种因素都整合起来，形成一个有机的整体。其次，两者都是在系统各个要素的协同作用下，对系统总体目标的实现起到了推动作用。协同理论的起点和归宿都是协同，即协同体系中的一切资源，以达到共同的目的。就"三全育人"理念而言，其动力的关键在于"全"，强调协同全员、参与全过程、把握全方位，整合分散的育人资源，以同向同行的育人力量实现育人目标。[②] "全员全过程全方位"一体化育人格局，包括课程育人、科研育人、实践育人、文化育人、网络育人、心理育人、管理育人、服务育人、资助育人、组织育人等"十大"育人体系。[③]

传统"三全育人"机制，按照工勤技能岗位、专业技术岗位、管理岗位，分别确定了"课程育人""管理育人""服务育人"的职责。此外，科研育人的直接责任主体是以科研为事业的广大教师，间接责任主体是高校科研管理人员，其以"培养学生至诚报国的理想追求、敢为人先的科学精神、开拓创新的进取意识和严谨求实的科研作风"为基本目标，以"科研管理育人、科研活动育人、科研评价育人"为基本着力点。[④] 党团组织是实践育人的责任主体，对于大学生来说，不仅是团组织，还包括专任教师、辅导员、班主任、学生干部等。总的来说，实践育人牵扯到了很多的责任主体，要构建好各种主体之间的协同机制，它与课程育人之间相互支持、有机衔接、相互促进，要将道德教育和理论知识的学习有机地融合在一起，两者不能偏废。高校校园网站、广播电台、党委宣传部等是高校校园文化育人的直接载体。在网络教育中，网络育人的主体有两个方面的职责：一是对"网络垃圾"进行预防和清除，为学校提供健康有趣、具有启发性的"网络文化"，同时对学生和教师进行有效的整合，以最大限度地实现学生和教师的理性需求；

① ［德］赫尔曼·哈肯. 协同学：大自然构成的奥秘［M］. 凌复华译，上海：上海译文出版社，2005.

② 艾楚君，焦浩源. 试论高校思想政治教育协同机制的构建［J］. 思想教育研究，2019(6)：15-19.

③ 朱平. 高校"三全育人"体系协同与长效机制的建构——以全员育人为中心的考察［J］. 思想理论教育，2019(2)：96-101.

④ 魏强，李苗. 高校科研育人论析［J］. 思想理论教育，2018(7)：97-101.

二是由辅导员、专业教师和学生组成的团队，对网上的舆情进行及时的干预和疏导，形成了与传统德育相互呼应的协同机制。对学生进行心理教育的责任主体是心理教师和心理咨询师：对大学生进行心理干预、引导；资助育人的直接责任主体是指导教师，他们要对资助对象进行精准有效的教育。组织育人的主要职责主体是学校的党团、社团和班级组织，他们在所有的工作和活动中都要将思想政治教育贯穿其中，从而推动学生的全面发展。

"十大"教育系统既与高校教育系统的基本内容相吻合，又与高校教育系统中的社会教育系统的运行规律相吻合。"三全育人"体系的构建，要求各子系统和平行系统之间相互协调，围绕教育这个核心，从而达到"1＋1＞2"的总体效应。

高校"三全育人"协同机制是学校在"三全育人"中，通过制度支撑，使大学内部的各个制度之间建立起有效、有序的关系，使大学教育制度得以有效、有序地运转。"三全育人"的基本内容包括三个方面：全过程育人的主体因素、全过程育人的时间因素和全方面育人的空间因素。因此，高校"三全育人"协同机制的概念也相应地涉及三个层面：一是教育主体协同，这是高校"三全育人"协同机制的出发点、落脚点及核心内涵；二是教育过程协同，教育主体要想发挥协同作用，必须在运行过程中稳步推进、长期进行；三是教育资源协同，教育过程协同为教育主体协同构建了时间维度，而教育资源协同则为教育主体协同建立了空间维度，以校内外及"三全育人"的各子系统为载体，将教育资源充分融合、有效利用，惠及更多的教育主体。[①] 以上三个层面的内涵及其相互之间的关系如图 6-1 所示。

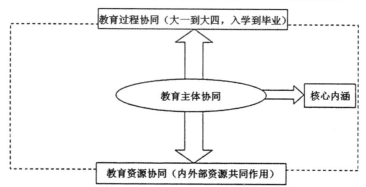

图 6-1　高校"三全育人"协同机制的内涵关系

---

① 董秀娜，李洪波. 高校"三金育人"协同机制构建研究[J]. 思想教育研究，2020(8)：148-152.

二、高校"三全育人"协同机制构建的必要性

（一）大学生精神需求和教育供给之间的矛盾是构建"三全育人"协同机制的根本要求

在优越的物质生活环境中成长起来的当代大学生，他们对美好生活的要求已不仅仅限于物质生活，他们更多地关注社会公平正义、民主法治、生态美好、自我价值实现等非物质性需求。罗纳德·英格尔哈特曾经说过，经济繁荣降低了人们对物质追求的欲望，人们的价值观正从物质主义价值观即经济和物质安全至上的价值观，转向后物质主义价值观即注重自我表现和生活质量的价值观，而且越是年轻的一代，后物质主义价值观所占的比重就越大。[①] 从物质需求转向精神需求，当代大学生更积极地追求人生价值、存在感和意义感，外在的客观环境与内在的主观意志相结合，将会进一步激发他们的精神诉求。

当前，大学生精神的需求主要是进行高校思想政治教育，但是其存在求过于供的矛盾，要解决该矛盾，就要不断地对思想政治教育的目标进行调整，对教育的过程、方式和方法进行改进，使其更加有效地提供给大学生，从而更好地满足他们对美好生活的需要。《国家中长期教育改革和发展规划纲要（2010—2020年）》中提出，"要关注学生的全面发展与个性发展相结合，关注学生的差异性和个性差异，关注每个学生的潜能，关心每个学生，让每个学生都能得到适宜地发展。"贯彻"三全育人"的思想，就是要把学校的各种教育资源进行有效的整合，建立起与之相适应的"三全育人"体系，使其在育人主体、时间和空间上相互协调，根据当地的实际情况，扩大教育的提供范围，形成人人、时时、处处都能参与的良好的教育环境，以适应大学生个性化、特色化的精神文化需要，推动大学生全面、自由、健康的发展。

（二）学生的道德理性与网络文化之间的矛盾是构建"三全育人"协同机制的现实要求

"网络文化是一种完全不同于传统文化认知与判断的一种新型文化样态，它承载着信息化时代科技革命和产业变革背景下一个国家的价值理念、社会的生产

[①] 郑晓娜，翟文豹.高校构建"三全育人"协同机制研究[J].现代教育管理，2020(10)：59-63.

方式和公民的精神样态。"①在互联网上，主流思想和社会思想观念在互联网上发生了激烈的冲突，由此而产生了一种新的网络文化生态。在实践中，在媒体格局、舆论氛围、目标受众、传播方式等都已经发生了巨大改变的新情况下，如何更好地重视学生、服务学生和引导学生，提升学生自主建构道德理性的能力，是目前高校面对的一个重要而又深刻的现实问题。

要营造一个人人、时时、处处都可感知的道德教育氛围，必须以"把关人"思想为指导，强化网上道德教育，利用二次传播原则，注重"意见领袖"的培养，利用话题设定原则，构建师生间的沟通机制，利用"沉默螺旋"，形成强有力的正面网上舆论，从而营造一个正面的、充满正能量的网上舆论环境。只有这样，他们才能正确地评价、判断和选择，才能形成正确的、正面的道德观念。在多元的网络文化背景下，对大学生进行道德推理，使其形成与社会主流价值观相一致的价值观，以达到高校立德树人的德育目的。

（三）思政教育现代化与传统教育间的矛盾是构建"三全育人"协同机制的必然要求

在传统的高校里，思想政治教育的育人主体主要是由负责思想政治理论教师和一线辅导员组成的，育人主体比较单一，专业课教师在教育方面的角色缺位。与此同时，育人的部门也以学生处、团委、马克思主义学院等为主，它们各自都有自己的责任，因此，存在着条块分割、协同度低的问题。在发展思想政治教育的治理体系和治理能力的过程中，必须对传统的教育观念、教育方法、教育主体以及教育机制进行变革，这样才能与国家的治理体系和治理能力相适应。"思想政治教育治理是指对思想政治教育活动的统筹谋划和综合推动，主要解决抓什么、如何抓等问题，集中体现为思想政治教育政策文件。而思想政治教育治理能力主要是指思想政治教育政策的执行水平，体现为推动政策执行的能力。实现思想政治教育治理能力现代化，就是要提升思想政治教育政策的执行水平。"②"三全育人"理念从育人主体、育人过程、育人导向三个层面，对推进我国高校思想政治工作的治理体系与能力建设具有重要的指导意义。

"面对新时代的新机遇和新挑战，高校要合理运用系统论的方法开展育人工

---

① 岳鹏．习近平网络意识形态建设系列论述的核心要义及时代价值[J]．学校党建与思想教育，2019（11）：4-8．

② 徐艳国．思想政治教育治理体系和治理能力现代化探析[J]．清华大学学报（哲学社会科学版），2014，29（3）：122-125，10．

作，围绕立德树人这一高等教育的根本任务，从整体出发调动各方可利用的力量和资源，明确全员育人、全过程育人、全方位育人的价值功能和逻辑关系，建立三全育人协同育人机制。"①要从根本上解决思想政治教育中的"角色缺失""条块分割"等问题，建立全方位、动态性、开放性的思想政治教育系统，就需要以"三全育人"的思想为指导，发挥不同层次的育人功能，调动不同层次的育人资源，建立起与之相适应的协调机制，从而推动思想政治教育的管理体系与管理能力的现代化。

从整体上看，落实"三全育人"理念，构建"三全育人"的协同机制，是一个系统性的工程，它需要各地区结合自身的具体情况，进行体制创新和体制改革；高校必须改变传统的教育、管理、服务等各部门各自为政的方式，整合和构建跨领域、跨部门、跨学科的协作系统；这就更需要高校在建立内部协同育人机制的时候，要让自己的思想得到解放，并与相关政府部门、其他高校、用人单位以及家庭等展开有机的合作，最终形成一种内外协同的育人合力。

三、高校"三全育人"协同机制构建的实现方式

（一）构建教育主体协同机制，以达到全员有责、全员尽责的目标

1. 明确主体

"三全育人"的关键在于全员育人，实施全员育人的基本前提就是要精准界定教育主体。思想政治教育主体论认为，教育者和教育对象都是思想政治教育过程的主体，各教育主体基于培养目标，坚持责任分担、资源共享、优势互补等原则，协同发展并共同提升人才培养质量。② 构建"管理主体—实施主体—接收主体—支持主体"为内容的教育主体模式，这不仅能够改变对思想政治教育工作只是思想政治课教师、辅导员责任的传统认知，也能够更好地明确高校内部各部门、各成员之间的职责。从管理到执行，再到接受，最后到支持，每一个主体都相互依赖，相互支持，从而促进了高校思想政治工作的良性发展。

2. 强化意识

"三全育人"是一种辨证统一的理念，其前提是要对所有人都进行全面的教育。"人人育人"是在全员育人的主体层次上，这要求每个高校老师都要更新他们

---

① 张睿. 协同论视域下高校"三全育人"实施的机理与路径[J]. 思想理论教育，2020(1)：101-106.
② 褚凤英. 思想政治教育对象的主体性论析[J]. 学校党建与思想教育，2015(11)：19-23.

的教育理念，牢记自己的教育使命，从自己的岗位中发掘出更多的教育因素，对学生进行积极的引导，使大学的教育工作真正落实到每个人的头上。

3. 落实责任

高校党员干部要积极承担"统筹部署""政策落实""组织协调"的重大责任；共青团要在各级党委、政府和企业等部门的工作中起到后备作用；专业课教师要担负起教书育人的职责，将思想政治教育落实到课堂，做好课程思政工作，并在课外实践中将理论知识的传授与精神引导、价值引领有机结合，不仅要注重培养学生的专业知识技能和科学精神，还要注重培养学生的行为准则和思想品质。

（二）构建教育过程的协同机制，从而达到时时用力、久久为功的全程育人目的

1. 构建课程育人的协同机制

要用好课堂教学这个主渠道，思想政治理论课要坚持在改进中加强，提升思想政治教育亲和力和针对性，满足学生成长发展的需求和期待，其他各门课都要守好一段渠、种好责任田，使各类课程与思想政治理论课同向同行，形成协同效应。[①] 当前，我国高校教育中的教育课程有思政课、专业课、通识课等。从教育学的角度出发，学校更加关注的是思政课和思政课教师在教学中的最佳配置和最佳利用，而忽略了专业课和通识课程对思想政治教育的意义。其实，把各教育主体限定在一定的活动领域，看起来是一种合理的分工，但是这样做会分割学校的整体课程育人体系，进而影响到学校的协同育人效应。

强化高校育人工作，必须"从高等教育育人的本质要求出发，不能仅仅就思政课谈思政课建设，而应围绕课程改革的核心环节，充分发挥课堂教学在育人中的主渠道作用，着力将思想政治教育贯穿于学校教育教学的全过程"。[②] 要深入整合思想政治理论教育方面的相关课程资源，建立起课程思政和思政课程的协同机制。但同时我们也要看到，课程思政是一项系统性工程，需要坚持科学理念和系统思维，通过科学、翔实的规划及高效的实践加以推进。这需要高校和老师共同探讨，建立完善的课程思政与思政课程相辅相成的新课程育人体系，通过深入

---

① 杨晓慧. 高等教育"三全育人"：理论意蕴，现实难题与实践路径[J]. 中国高等教育，2018(18)：4-8.

② 王文礼. 建设世界一流大学背景下我国高等教育质量提升的几点思考[J]. 现代教育管理，2012(3)：29-33.

挖掘，把思想政治价值与专业理论知识一起深深植入学生的心中，提高人才培养质量，满足学生的个性化需求，促进学生的全面、健康发展。[①] 另外，要注重通识课的教育功能。"通识教育可以培养学生的批判性思考能力和经过训练的好奇心，以及一些特殊的技能，使学生成为约翰·亨利·纽曼所说的可以自信地适应任何职位，并且有能力去掌握任何学科"[②]，从而促进学生更好地发展。

2. 构建管理育人的协同机制

管理育人的主要内容是高校结合规范管理的严格要求及润物细无声的教育方式，强化教学规章制度建设、群体公约体系建设、干部队伍和教师管理考核及各类管理人员的能力建设，全面推进依法治教，强化科学管理对育人的保障功能。[③] 管理育人，要求学校行政机构相关人员具备良好的职业道德与职业素养，坚持立德树人的指导思想，全面履行育人的目标，实现立德树人的基本任务。

在建设管理育人协同机制的过程中，首先，要注重推进高校的法治建设和制度建设，以高校章程为导向，以完善内部治理体系为核心，坚持法治精神和法治思维，逐步建立完善的高校制度体系；不断加强师生员工维权制度建设，充分发挥党团组织、行政组织、学生会等组织的民主监督作用。[④] 其次，要不断加强干部队伍的建设，从思想上、能力上、作风上三个层面，着力打造一批政治上干净、能力上突出、作风上过硬的干部。最后，要把教师队伍的建设工作进行好，具体的工作内容有四个：一是要把思政课教师队伍的建设工作做好，把政治要强、情怀要深、思维要新、视野要广、自律要严、人格要正作为新时代思政课教师的新要求新标准，持续地对思政课教师队伍的建设进行深入的研究；二是要加强高校心理咨询人员的队伍建设，"辅导员身处育人一线，在"三全育人"中应承担起整合协同、落地生根、跟踪反馈的角色作用。"[⑤]要将物质激励与精神激励相结合，激发辅导员的工作积极性和主动性；三是加强专业课程师资的培养；不断提高专业课教师的育人责任感和专业素养，使其掌握育人的内容、手段和方法，使思政教育与专业知识教育有机融合，使专业课教师在教学中的育人作用得到最大限度的发挥；四是要加强对教师和辅助管理人员的培训，在高校的日常管理与

---

① 郑晓娜，翟文豹.高校构建"三全育人"协同机制研究[J].现代教育管理，2020(10)：59-63.

② 朱平.辅导员在高校"三全育人"中的角色与定位——兼论"育人"的特点与功能[J].思想理论教育，2020(3)：86-91.

③ 褚凤英.思想政治教育对象的主体性论析[J].学校党建与思想教育，2015(11)：19-23.

④ 郑晓娜，翟文豹.高校构建"三全育人"协同机制研究[J].现代教育管理，2020(10)：59-63.

⑤ 王杨.加强高校管理育人面临的挑战与对策[J].思想理论教育，2019(12)：107-111.

运营中，行政教辅管理人员起着无可取代的作用，他们肩负着组织、管理、服务、教育学生等多重责任，应充分关注其心理诉求与合理需求，提高其育人使命感与质量。

3. 构建服务育人的协同机制

"服务育人"，即把服务融入到"三全育人"的总体框架中，着力提高学校教学、科研、管理等各方面的服务质量，并推动"服"与"育"的有机融合，实现学校内各环节、学校与社会的良性互动，从而构成一个完善的、全面的育人体系。首先，加强服务式育人的顶层设计，营造服务式育人氛围，确定服务式育人的总体目标与子目标，制订服务式育人战略，最大限度地发挥服务式育人的作用。其次，加强队伍建设，提高教职工素质。要把人才引进和培养相结合，强化服务育人需要的专业人才，增强相关工作人员的使命感、服务育人意识和服务育人能力。最后，积极主动地改进服务和管理的科学化和标准化。要结合实际，不断创新服务管理的理念，丰富服务资源，努力拓展服务的功能和领域，尽可能改善学生的服务体验，最大限度地满足学生日益增长的对美好校园生活的需要。①

（三）建立教育资源协同机制，实现处处着力、处处有力的全方位育人

1. 打造思想政治教育信息共享平台

思想政治工作无处不在、无时不有，高校要充分运用所处场合、所用载体、合理方式来做思想政治工作。② 要适应学校内外、课堂内外、网上等多维度的育人需要，构建"一站式"的大学育人模式，构建大学思政工作的信息资源共享平台。

建立"大学生思想政治教育信息共享平台"，不仅能够有效地打破学校各部门之间的"信息孤岛"，而且能够在三个不同的空间中发挥作用，即校园内外、教室内外和网上三种不同的空间。对于高校思想政治教育信息共享平台，就校园内外维度来看，校外的家庭系统和社会系统都能够通过平台准确获取教育资源及相关拓展信息，促进高校培养计划的执行；就课堂内外维度而言，在利用课堂积极开展课程思政的同时，学生可以借助共享平台中的大学生思想政治教育课程栏目，从时空方面实现自主选择；就网络内外维度而言，共享平台集聚了丰富多样的内

---

① 郑晓娜，翟文豹. 高校构建"三全育人"协同机制研究[J]. 现代教育管理，2020(10)：59-63.
② 王定华. 新时代我国教育改革发展的新方向新要求—学习习近平总书记在全国教育大会上的重要讲话[J]. 教育研究，2018，39(10)：4-11.

容，能够有效地弥补线下教育资源的不足，拓展学生的视野，开辟网络思政的阵地，并采用"互联网＋思政"的思维，打造明朗清净的思想政治教育环境。[①]

为了打破高校和社会家庭之间的空间边界，使大学生思想政治教育需要的资源更好的整合和获取，必须借助网络媒体这一平台，以其为介质建立高校思想政治教育信息共享平台。因此，在构建这一平台时，应与学校内外相关单位的网络信息资源相对接，将不同载体平台上的思想政治教育文献相链接，并对各种思想政治教育信息进行整理、汇总，坚决避免多平台分散设置。此外，因为信息共享平台的社会公共性，因此，要对社会公众的需求进行充分的考量，为校外的家庭、社会设置单独的专栏，广泛征集校内外工作人员对"高校—家庭—社会"协同育人的意见和建议，使平台资源能够在全社会中得到共享，而不是仅供高校等少数群体使用。此外，鉴于平台运行的专业性，需要大力培养业务素质优秀并善于协同合作的平台运作队伍，努力将平台技术人员的技术优势与教育工作人员的思想教育优势有机结合，发挥协同效应，促进平台的有序运行。[②]

2. 建立校际协同育人机制

在我国高等教育迅速发展的今天，合作办学已逐渐成为一种新型的办学方式，这对于促进大学之间的教育资源交流与共享具有重要的意义。从"三全育人"的角度来看，建立高校间教育资源共享、教育协作的校际教育体制是十分必要的。首先，要加强高校与高校的沟通，建立科学合理的协同育人体系，形成协同育人的协作机制，保证协同育人的成功；其次，要加强校际协作，共同构建资源共享平台，实现资源的协同教育。在平台的模式设计方面，可以结合各个学校的现实情况，灵活选择线上、线下及线上线下混合等不同育人模式，推动实现校际育人工作的相互融合，达到共赢的目标。[③]

3. 建立校企协同育人机制

现实中，高校和企业之间存在着信息和资源的不对称性，这不但制约着校企合作的顺利开展，也会影响到学校和企业之间的协同教育。实践证明，一个良好的校企协作教学模式，能充分利用企业独特的教学资源，实现校企协作教学目标，有利于"三全育人"的实施。校企协作教学模式的建立必须做到以下几个方面。一是要在学校和企业的理念上进行整合；思想是行为的先导，学校与企业只

---

① 董秀娜，李洪波.高校"三全育人"协同机制构建研究[J].思想教育研究，2020(8)：148-152.
② 董秀娜，李洪波.高校"三全育人"协同机制构建研究[J].思想教育研究，2020(8)：148-152.
③ 郑晓娜，翟文豹.高校构建"三全育人"协同机制研究[J].现代教育管理，2020(10)：59-63.

有在思想观念上达成共识，才能实现协同育人。二是要有校企合作的协同模式。要实现"协同育人"，就必须在"校企合作"中，从"需求方"到"培养方"的转变过程中，构建出一条行之有效的新路。三是要在学校和企业间实现安全保障的协同。从本质上讲，校企合作是共赢的一种方式，大学在从企业获取资金、前沿知识、实践平台等方面支撑的同时，也要按照企业的需求，积极参与到企业的建设与完善中，为企业的发展输送高素质的人才。四是在校企合作育人中，应积极寻求相关部门和行业协会的支持。"校企合作是一个循序渐进且错综复杂的系统工程，通过不断探索，使政府＋企业＋行业与学校在合作中寻求最佳利益结合点，有效地实现多方共赢和共同发展，促进协同育人的可持续。"[1]

4. 建立家校协同育人机制

道德教育是一项由学校和家庭共同承担的任务，其中，家庭在道德教育中扮演了重要角色。因此，在教育过程中，父母和孩子之间的联系能否紧密，能否在教育过程中产生合力，对孩子的全面、健康成长至关重要。虽然高校教育和家庭教育的育人主体不同，育人场所也相互分离，而且在育人理念、内容、媒介和方法等方面也存在差异，但两者的育人对象和育人目标都是一致的，就是促进学生的成长成才。[2] 所以，在协同育人这一问题上，学校与家庭应该形成一致意见，充分利用自己的育人优势，互相信任与支持，共同为社会培育出身心健康、素质全面的优秀人才。

第三节　"三全育人"保障机制

"三全育人"是高等院校在新时代背景下，根据时代发展的需要，提出的一种新的教育理念与教学方法，与国家的创新人才培养目标相一致。目前，在"三全育人"体系的实践中，还存在着教育主体、教育模式、教育环境等方面的问题。为此，为了使高校"三全育人"工作走上规范化、可持续、高质量的轨道，构建高校"三全育人"工作的保障机制，是一项非常有意义的工作，也是一项值得探索的课题。

---

① 盖选馨，邢林艳. 校友责源协网高校"三全育人"发展研究探析[J]. 思想理论教育导刊，2020(2)：121-125.

② 郑晓娜，翟文豹. 高校构建"三全育人"协同机制研究[J]. 现代教育管理，2020(10)：59-63.

一、高校"三全育人"保障机制的概念分析

保障机制是根据"机制"的职能而对其进行再分类而形成的一种新的理念。机制指的是一个工作系统中的组织或部件之间交互作用的过程和方式。而保障机制，则主要指为管理活动提供物质与精神条件的机制。[①] 换句话说，它是一套以维持事物正常运转为目的的实际手段和精神手段。要使高校"三全育人"的保证工作得到切实的落实，就必须对其内涵有一个准确的理解。如何构建"三全育人"的保障机制，是当前高校教育改革的一个重要课题。高校"三全育人"体系的形成和发展，除了受高校内部的影响外，还受高校外部的政治、经济、文化等多种影响。因此，结合对保障机制内涵的理解，可以将高校"三全育人"保障机制界定为：为实现高校全员、全过程、全方位育人的目标，确保高校的育人质量，统筹高校的内外部资源，必须依靠必要的组织机构把一系列有关"三全育人"的质量管理活动严密组织起来而形成的一个有机整体，[②] 它是高校"三全育人"的保证体系、构成和运作机制。具体来说，就是建立健全的政策支持机制，建立健全人才队伍，加强资金投入等。

"原则"是学校开展所有工作都要遵循的基本准则，在"三全育人"保障机制的构建中同样要遵循。高校实施"三全育人"，是多种因素共同作用的结果，必须从全局、系统的观点出发，进行各项工作。首先，必须遵循整体性原则。明确学校内在因素在学校教育中的主导地位，把外在因素与"三全育人"系统有机地结合起来。其实，无论在学校内还是在学校外，其内部都蕴含着多种教育因素，只有树立整体观念，深入分析它们之间的关系，才能达到教育的目的。其次，必须遵守"协同"的原理。通过不同育人因素之间的互相配合、互相渗透，从而使育人体系中的各个因素可以达到优势互补，从而使育人体系的作用最大化。再次，要遵循动态的原则。"三全育人"保障机制中的相关因素具有不确定性，所以在保障机制的构建和运行过程中，一定要用变化和发展的眼光来看待和应对各类新形势新问题，而不能一成不变。最后，遵循创新的理念。在完善保障机制的过程中，要不断地传承传统的有效教育方法，并总结和探索新的教育方法，同时还要学习借鉴其他学科或社会领域进行机制建设的成功经验，进而丰富和发展保障机制建设的

---

① 王柯故.大学生党员质量保障机制研究[D].西南财经大学，2012.

② 徐文好.高校创新创业教育保障机制的内涵及其构建意义[J].教师教育学报，2017.4(2)：83-88.

方法。[①]

二、高校"三全育人"保障机制构建的必要性

(一)构建"三全育人"保障机制是高校工作协调高效开展的现实要求

在实现"中国梦"的进程中,大学生是其中的主要力量,而教师又是"梦之队"的建设主力,因此,我们要大力培养一支有理想信念、有道德情操、有扎实学识、有仁爱之心的"四有"好教师队伍。面对思想活跃,朝气蓬勃的"95后""00后",传统"填鸭式"的教育方式很难激发学生的积极性。因此,要想使大学的德育工作更好地进行,就必须对现行的教育方式进行变革,并积极采用体验式、领悟式、实践式、情境式等现代教学方式,从而促使学生主动地、深度地参与到德育工作中来,不断提高自己的德育素养,最终达到"三全育人"的目的。

新时代高校"三全育人"保障机制中,经费保障也是重要的一环。维持金融稳定,做好这一支持工作,仍然是当务之急。部分大学由于经费短缺,教学设备、宿舍楼和校园环境不尽如人意,学生对大学的整体满意度较差,教师既要写好报告,又要搞好科研,造成工作强度大,工资低,"三全育人"的目标很难达到。为此,国家、地方不仅要加大高校思政工作的经费支持,还要加大学校各项育人工作项目的经费支持。

(二)构建"三全育人"保障机制是提高高校人才培养质量的客观要求

在党的十八大报告中,提出"立德树人"是教育的基本任务,在新的历史条件下,高校思想政治工作要坚持以人为本、德行至上的理念。因此,高校在教育过程中不仅要将德育与智育放在同等重要的地位,更要将立德树人的目标摆在人才培养的首要位置,要时刻铭记"德是首要、是方向"[②]的理念,而且,在整个高校教育的过程中,都要将这一理念贯彻下去,让社会主义核心价值观的内容深入到大学生的内心深处,让他们不仅要乐于求知,要勤奋好学,还要具备社会责任感,要"修好公德、私德",让他们在学习科学文化知识的时候,还能拥有崇高的思想道德素质,进而推动他们全面发展,成为一名合格的人才。

高校"三全育人"制度与以往的传统教育方式相比,具有更多的内涵、更多的

---

① 范芹. 大学生思想政治教育协同育人机制研究[D]. 天津工业大学, 2017.

② 习近平. 青年要自觉践行社会主义核心价值观——在北京大学师生座谈会上的讲话[J]. 中国高等教育, 2014(10): 4-7.

运作方式，而且还会随着时间的推移而不断演化、深化。当前，高校"三全育人"工作已步入新的发展阶段，高校"三全育人"工作的保障体系是否健全，是高校思想政治教育工作能否顺利开展的重要环节。

要真正实现"三全育人"工作的系统化、规范化、制度化，就必须要有一个完善的保障机制。高校"三全育人"保障机制在高校育人过程中是否能够取得实效，很大程度上取决于高校的育人理念能否科学、合理地传授给学生，也取决于学生是否能够理性、客观地接受。因而，教育主体在实施育人的过程中，要制定科学合理的教育目标，创新教书育人的工作方式和方法，不断改进育人环节；学校也要加强对大学生的心理健康教育，培养学生健康高尚的人格。[①]

（三）构建"三全育人"保障机制是高等教育改革与经济社会协调发展的必然要求

自从改革开放之后，伴随着经济和社会发展水平的持续提升，在发展中所遇到的各种矛盾和问题也逐渐暴露出来，这些矛盾和问题在社会、经济、生活的各个领域中都有所体现，比如，在物质与精神文明的发展上，还存在着一些不平衡、不充分、不协调的情况。国家面对发展中不断出现的新问题提出了协调发展的理念，指出协调发展就是要以协调保障理念为指导，全面推动经济社会实现有序、和谐、健康的发展，弥补过去孤立、片面地看待和解决问题的不足，从全局和整体的视角出发来提升发展的整体效能。[②]"协调保障"的思想，在推动社会主义现代化建设向纵深发展的进程中，具有越来越深远的现实意义。所以，我们必须在加强对大学生思政工作的前提下，把"协调保障"的思想贯穿于大学生思政工作的整个过程，让"三全育人"系统中的各个因素相互配合，相互支撑，从而保证大学生思政工作的顺利进行，让思政工作真正走向成功，实现"三全育人"的目标。

高校"三全育人"的保障体系，是一种以教育为核心的、以人才为中心的一系列的、紧密组织起来的体系。对此认真加以改善，既能保证学校正常的教育、教学工作，又能为学校"三全育人"制度的建立与完善提供有力的支持。

当前，为了进一步提升学生的综合素质，适应社会经济发展的需求，在我国高等学校积极推行"三全育人"，已成为一种迫切的需求。事实上，高校的育人质

---

① 王志建，潘红. 高校"三全育人"有效机制探析[J]. 辽宁教育行政学院学报，2020，37(6)：17-21.

② 起婷. 高校思想政治教育协同育人机制研究[D]. 江西财经大学，2019.

量不仅是衡量高等教育内涵式发展成效的核心指标，而且也是我国高等教育大众化发展的生命线。构建"三全育人"保障机制，是对高等教育如何保障并提升人才培养质量和水平的正确探索，客观上也可以促进高等教育领域改革的不断深化，推动高等教育的现代化、高质量发展。[①]

三、高校"三全育人"保障机制构建的实现方式

支撑高校"三全育人"运行机构的保障机制包括三个方面，即政策保障、人才保障和资金保障。

（一）政策保障

1. 健全管理制度

首先，要从上到下做好计划方案。高校在实施"三全育人"的过程中，要根据国家"三全育人"的要求，根据自身的特点，制订出一套符合自身特点的实施方案，并在此基础上进行具体工作。其次，建立健全"三全育人"领导小组，建立健全其工作体系，使各部门职责清晰，以学校为主导，明确各个部门之间的分工和责任，形成党委领导、院系具体负责、党政群合力，共同推进的工作体系。最后，要将"班主任—辅导员—学业导师"三位一体的管理机制构建好，要积极地鼓励学业导师参与到由班主任所举办的各种活动中，与辅导员互相支持，实现优势互补。

2. 完善监督制度

高校"三全育人"工作涉及的领域很广，涉及的人员也很多，因此，为了使高校"三全育人"得到有效的实施，就需要建立起相应的指导制度。完善的监测体系，使每天的工作状况能得到及时、准确的反馈，并能有效地预防和控制突发事件，防止重大问题的发生；而实施督导制，则能使"三全育人"过程中各主体的教育合力得到最大限度的发挥，从而为高校"三全育人"工作的顺利进行提供强有力的保证。

3. 强化自我建设

只有通过自己的努力，才能取得最大的成功。但是，人天生就有一种惰性，很多事情都很难坚持下去。但是，如果能够制定出一套规则，并形成一套制度，

---

① 徐文婷. 高校创新创业教育保障机制的内涵及其构建意义[J]. 教师教育学报，2017，4（2）：83-88.

就可以有效地激发出学生的内在动机，从而确保教育的效果。通过建立一个比较健全的自我管理系统，学生可以更好地自律自己，在平时的学习和生活中，逐渐适应并实现自我管理和自我服务，养成良好的思想道德品质，养成良好的行为习惯，促进自身的全面、健康发展。

4. 优化制度规范

在学校"三全育人"的实践中，教师起着至关重要的作用。因此，要不断完善教师的考核制度，将其参与的思政活动与其薪酬福利、职称评审、职位晋升、评奖评优等方面相结合，有利于提高教师的师德水平、育人动力和育人能力。从具体操作层面来看，应建立相应的评价和激励机制，选取优秀教师进行任课班主任和学习辅导，以达到"三全育人"的目的。

（二）人才队伍保障

1. 坚持正确政治方向，做先进思想文化的传播者

思想决定行动，思路决定出路。作为马克思主义中国化的最新成果，新时代中国特色社会主义思想既是我们推进四个现代化的根本纲领，也是我们党和国家事业发展的根本动力。高校人才队伍必须用新时代中国特色社会主义思想武装头脑，牢固树立"四个意识"，不断增强"四个自信"，切实做到"两个维护"，这是队伍建设的首要政治要求。同时，在大学的人才队伍建设中，应以社会主义核心价值观为价值取向，引导大学教师以德行为本，唱响自己的主旋律，弘扬自己的正气，做一位先进思想文化的传播者和实践者。

2. 坚守政治信仰，做党执政的坚定支持者

高校教师是党的领导干部，要始终坚持党的领导，使高校成为一支坚强的队伍。所以，每一名教师都要坚持自己的政治信念，不断提升自己的思想政治素质，在日常的教学、科研和育人过程中，要坚持不懈、始终如一地宣传党的理论和路线方针政策，抵制不良的社会思潮，强化对学生的主流意识形态的教育，坚定捍卫"两个确立"，弘扬时代主旋律。

3. 坚持教书育人，做学生健康成长的领路人

教育从本质上来说，一方面是教，即"上所施下所效也"；另一方面是育，即"养子使作善也"。为此，大学教师应将教学与育人有机地结合起来，将教学与育人视为一体。在教育学生系统掌握理论知识的前提下，高校教师应以"德育"为重，不仅让学生懂得做事、做人的道理，更要让学生学以致用，做学生健康成长

的指导者和引路人,[①] 为社会培养一个个"大写"的人才。

4. 投身科研事业,做勇攀科研高峰的探路者

高校是知识创造、传承与应用的主要场所,其功能是促进经济与社会发展,发挥引领作用。这就需要高校的老师们有一种责任感,一种使命感,一种勇气。要顺应时代发展的需要,要密切关注经济和社会发展中的前沿问题,要敢于采用新思路、新工艺、新技术和新方法,努力取得开创性的成果,推动经济和社会的发展。

5. 坚守廉洁自律,做身正为范的践行者

高校廉洁文化价值取向的核心是清廉不污,同时兼顾品行方正、节俭朴实、勤勉律己、诚信守法的要求。[②] 之所以将自律与廉政并重,是因为"学术权力规制的高校廉洁文化建设要与学术自由和学术自治在精神上相一致",也符合道德自律的要求。要实现这一目标,首先要建立健全的人生观、权力观;其次要强化自律;再次要严格遵守职业道德;最后要让权力在阳光下运行。

(三)经费保障

"三全育人"的实施,需要调动全校的一切资源,开展多方面的工作,这就需要有足够的经费作为后盾,确保经费的充分利用,才能确保各项工作的顺利开展。高校要树立"三全育人"的工作思想,围绕"十大"育人行动,加大育人资金保障力度,解决当前高校思政工作不均衡和不充分的问题,推动"知识教育""能力培养""价值取向"三者的融合,打通"三全育人"的"最终一公里"。

高校需要加大"三全育人"方面的资金投入,设立"三全育人"专项资金,做到专款专用,确保资金只能用于思政工作、培育学生成长成才方面,为"三全育人"体系提供坚强的经费保障。[③] 设立专项预算账户,设立党建与思想政治教育的专题研究项目和课程改革项目,使思想政治工作队伍联系工作实际,开展理论和实践的研究。

1. 争取国家经费扶持

为保证"三全育人"的顺利进行,应积极争取国家资金投入、政策扶持、政府

---

① 谢冬冬. 高校思想政治教育实践育人机制体制建构研究[D]. 江西财经大学,2016.

② 赵骏. 基于学术权力规制的高校廉洁文化建设研究[D]. 西南大学,2015.

③ 孙冰红,杨宁宁. 新时代高校思想政治工作服务育人机制研究[J]. 中国高等教育,2020(7):33-35.

资金导向、建立"三全育人"专项资金分配机制，以推动高校自身发展，加大对高校工作的扶持力度。同时，要积极争取国家有关政策，加大高校收费的自主性，使其更加有效地发挥作用，为实现"三全育人"目标提供经费保障。并在此基础上，进一步发挥高校收费自主权，使其成为一种新的筹资方式，从而为"三全育人"筹资提供有力的支持。

2. 争取当地政府经费支持

在实施"三全育人"的过程中，很多学校，尤其是偏远地区的学校，都获得了雄厚的财力。为此，高校要加强与地方政府的沟通，开展多层次、多渠道的合作，增加对高校发展的资金投入，为高校"三全育人"的实施提供更多资金保证的同时，地方政府也应从支持高校发展、全面提高人才培养质量的角度，加强对高校"三全育人"工作的支持力度，逐渐增加"三全育人"建设配套经费的投入总额，建立健全对高校办学及"三全育人"建设经费支持的长效机制。[①]

3. 高校自身筹措经费

打铁还需自身硬，无须扬鞭自奋蹄。高校自身始终是"三全育人"体系运行经费保障中最为关键的角色。为此，高等院校要加速改革落后的思想，与时俱进，树立开放性的办学思想，加强与其他科研机构、高等院校、企事业单位以及世界顶尖高校的交流与协作，努力搭建国内外资本、技术、人才聚集的平台，主动拓宽学校资金的筹集渠道，降低对各级政府的资金支持，逐渐建立起一种行之有效的"三全育人"资金筹集与投资保证体系，使资金的来源正常化、规范化。

---

① 李星，我国高等教育经费筹措方式研究[D]. 华东师范大学，2010.

第七章

新时代高校"三全育人"开展路径研究

第一节　高校"三全育人"工作展开的方法

"三全育人"综合改革是加强改进新形势下高校思想政治工作、全面落实立德树人根本任务的战略举措。全面推进"三全育人"改革，必须抓住"四个重点"：明确育人目标、聚合育人资源、遵循育人规律、创新育人机制，才能提高教育的针对性、提高教育的实效性，完成"为党育人为国育才"的任务。

一、明确育人目标，把握方向性

在"三全育人"的总体改革中，高等学校要以理想信念教育为中心，以社会主义核心价值观为导向，以促进学生的全面发展为指导，以培育有才能、可为国效力的新生力量为目的。

一个党、一个国家、一个民族，只要有共同的理想信念，就会产生一种强大的凝聚力，就会产生一种强大的向心力。在"三全育人"的深入推进过程中，要加强对高校学生的理想信念的培养，使其树立正确的、具有中国特色的、共同的理想信念；要通过实施大学生思想政治教育的质量提升工程和青年马克思主义者培育工程，促进党的理论创新成果进教材、进课堂、进头脑。

树立社会主义核心价值，培育有责任感的一代新人。在大学中，要始终坚持用社会主义核心价值观来引导学生的成长，既要将其纳入课堂，强化意识形态，又要将其融入其日常生活，使学生形成良好的行为习惯。

以"德、智、体、美、劳""五育并举"为主体，培养有能力、有本领的新生力量。高校应坚持教育教学观念，建立分级培养目标和分段培养过程的人才培养模式；要建立一套有利于提高大学生综合素质的创造性人才培养机制；要深入推进"第二课堂成绩单"制度，推行劳动教育，强化体育和美育，让学生的德智体美劳全面发展，从而提升学生的综合素质。

二、聚合育人资源，体现协同性

"三全育人"的重点在于其核心词是"全"。为了实现"三全育人"全方位改革，我们需要融合校园内外所有的教学资源，从育人的主导者、时间节点和地点环境这三个维度出发，确保任何人都能够随时随地参与到培养人才的过程中来。

首先，我们需要增强主导力量的影响力，让思想政治教育课程与专业的教学人员互相协作，以实现共同进步。具体来说，我们可以：一是在沟通与合作方面下功夫，挑选一些优秀的思想政治理论课教师作为辅导员或班导师，形成一种有效的互动及合作模式；二是对他们的训练和指导要加深，利用集中式培训的方式，使得双方可以分享彼此的优势，从而提升整体水平；三是要强调实际操作的研究，搭建合作教育的项目平台，整合这两个团体，开展实操性和理论性质的讨论，并将这些成果应用到具体的、富有价值的事务中去。

第二，打通主要通道，推动高校思政课与专业课有机融合。高等教育学校应该增强对课程设计与授课内容的革新程度，全力塑造出让学生真正喜爱并能带来终生受益的思想道德"金课"；需要深入研究如何从专业的课程中提取思政教育的成分，推进课程思政的实践，加强专门负责教导学生的老师的培养职责，提升他们的培育技能，以保证课堂上的德育成效。巩固教育主体地位，促进线上线下教育平台协调发展。高校应充分运用诸如"校报""两微一端"、在线学生社团等多种网络渠道，以深化与其它院校间的合作关系并构建庞大的媒体集群；此外，还需主动融合各式各样的资源，强化同校园内外的交流协作，充分发挥包括校外道德教育中心和实践场地在内的各个场所的教育功能，借助线上线下的教学平台实现相互配合，从而充实思政教育的内涵和外延，提升其实施效果。

三、遵循育人规律，突出针对性

教育工作者要按照思想政治工作的规律、教育教学的规律、学生成长的规律，不断提升自己的工作能力和工作水平。加强大学生思想政治教育，既是当前大学生思想政治教育的一项重大任务，也是推进"三全育人"的一个关键环节。

立足于全程教育，着力于各阶段的衔接。素质的提升不是一蹴而就的事情，而是一步一步来的。在大学里，要实施"三全育人"，就要根据大学生的成长特点，根据不同阶段的身心发育特点，开展有目的的教育、辅导，把从入学到毕业的各项育人工作做得很好。如对大一学生，应坚持"目标导向"，指导他们确立自己的学习目标，明确自己的人生方向，养成好的生活、好的学习习惯；从大二年级开始，学生要重视能力的提高，通过多种科目的学习，通过课外的文化实践，来提高自己的整体素质与能力；在毕业生方面，要把"成才报国"作为一个主题，正确处理好自己的人生理想与国家、民族需要的关系。各层次的教学内容各有侧重，有机地联系在一起，构成了一个贯穿整个高校的整体。

以全面性为基础，着力于文化的渗透。高校应该以全面的教育为基础，重视文化的渗透，坚持以文化育人的理念，使大学生的每个生活领域都充满了"营养"。加强思想政治教育深入实施课程思政;加强礼仪建设,在重大场合和重大事件中,要以庄重的礼仪形式,加强爱国主义教育;要以丰富多彩的校园文化活动为载体,使校内活动形成品牌,院外活动形成特色,班内、社内全面覆盖;要充分发挥校史馆、图书馆等对大学生的教育作用,重视创建宿舍文化、网络文化等方面的内容,加强对优秀校友和先进典型的宣传,促进大学精神的传播。

四、创新育人机制,注重实效性

在31号文件中,提出了以改革创新为核心,提高高校思想政治工作实效的要求。这对高校实施"三全育人"提出了一种新的理念、新的途径。在"三全育人"的整体性变革中,高校的道德建设必须围绕提高教育实效这一核心问题,对育人机制进行系统的创新。

改进评估制度,增强教育工作的积极性。目前,"三全育人"的思想,尤其是"全员育人"的思想,虽然在高校师生中已经有了一些共识,但是还没有真正付诸实施。要想提高素质教育的实效,就必须将素质教育的"软指标"转变为素质教育的"硬约束",使素质教育的作用得到充分体现。同时,要积极评选在德育工作中取得优异成绩的先进典型,通过他们的育人故事,分享他们的育人经验,营造出一种立德树人、全员德育的良好氛围。

在教学过程中,老师要发挥好学生党员、学生干部的核心引领作用,让学生积极地参与到教学、实践内容设计和班级管理中,加强师生之间的交流与互动。在课外活动中,应采取项目式教学,充分调动学生的积极性,开展多种有意义的课外活动;在日常管理中,通过设立学生助理,开展座谈交流,开展问卷调查,广泛听取学生对学校工作的意见,及时解决学生在学习生活中存在的困难和问题,使学校的育人工作更好的符合学生的发展需求和期待。

第二节　高校"三全育人"队伍建设的引导

教育工作是关系到党和国家事业发展的大事,做好教育工作,就是为民族的前途奠定了坚实的根基。要做好这一工作,就要突出教师的主体地位,明确其责任,为了适应高校课程思政建设与发展,必须建立一支实力雄厚的课程思政队伍。

一、百年大计：高校"课程思政"队伍建设价值考量

2020 年 6 月，教育部印发的《高等学校课程思政建设指导纲要》明确指出："紧紧抓住教师队伍'主力军'，让所有高校、所有教师、所有课程都承担好育人责任"。[①] 在实施课程思政的过程中，教师是最重要的一部分，所以，如何做好课程思政工作，打造一支精明强干的课程思政队伍，这不仅与教育教学的效果有很大的关系，也与我们思想领域的安全有很大的关系，更与国家的长治久安、民族的健康发展有很大的关系。

（一）是落实立德树人根本任务的关键一步

《中共中央国务院关于全面深化新时代教师队伍建设改革的意见》开宗明义："百年大计，教育为本：教育大计，教师为本"，教师"肩负着塑造灵魂、塑造生命、塑造人的时代重任"。[②]"立德树人"是新时代教育工作的基本要求，而教师在"立德树人"过程中扮演着重要角色，是"立德树人"过程中不可缺少的角色。从国家战略层面来看，党中央、国务院的一系列文件、一系列政策，都进一步提高了教师的地位，同时也把立德树人的标准提高到了一个新的高度。老师在教学的过程中，要树立正确的价值观念，要把中国梦融入自己的人生，要把自己的人生目标和自己的人生理想结合起来，要为自己的国家培养出一个合格的、可靠的、有前途的、有担当的、有能力的、有责任感的人。加强高校师资队伍建设，是实现高校"立德树人"的重要环节。

（二）是强化师德师风师能的重要路径

加强学科思政队伍建设，需要有一支高质量的师资队伍。首先，思政教育的实践，需要教师在教学中，对思政元素的内涵进行挖掘，对鲜活、生动的事例进行体悟，从而达到将思政元素融入课程中的目的。其次，在实施思政教育时，教师应做到"一身正气"，时时检讨、时时改正，树立榜样。最后，要实现课程思政，就需要教师在自己的专业领域，不断地挖掘新的知识，提高自己的育人能

---

① 教育部．教育部关于印发《高等学校课程思政建设指导纲要》的通知［EB/OL］．（201720-06-03）［2021-03-11］．http：//www.moe.gov.cn/srcsite/A08/s7056/202006/t20200603_ 462437.html.

② 中共中央，国务院．关于全面深化新时代教师队伍建设改革的意见［EB/OL］（2018-01-31）［2021-03-11］．http：//www.gov.cn/xinwen/2018-01/3 1/content_ 5262659.htm.

力，以自己的专业技术，培养学生，满足他们的知识需要，提高他们的技能。"师风""师德""师能"是一个有机的整体，它们对提高教师的育人水平起着重要作用，但目前有些高校只注重"师能"，不注重"师风"，偏离了"教育目标"和"教学原则"。我们应继续加强对"立德树人"这一教育理念的培养，以"以人为本"的教育理念为指导。

（三）是提升高校教育教学质量的必然要求

中华民族强起来，必然要具备坚定的政治灵魂。"培养什么人，是教育的首要问题""我们的教育必须把培养社会主义建设者和接班人作为根本任务"。[①] 这是对立德树人中"树人"内涵的进一步阐释。"把立德树人的成效作为检验学校一切工作的根本标准"。[②] 它为我们国家的人才培养提供了现实的需求，为我们的国家确定了一条正确的政治道路，也为我们的国家的高等教育提供了一条正确的评价标准。"三全育人"是贯彻立德树人的重大理念，而"课程思政"则是顺应时代要求、契合时代发展方向的一条途径。对于高校来说，打造一支精明强干的"精兵"，是培养共产党员的接班人，提升教育教学质量的重要途径；就教师而言，要为学生打造社会主义的政治之魂，切实落实"立德树人"的根本任务；对大学生来说，这是为他们奠定坚实的政治基础，为他们树立有中国特色的社会主义的共同理想和实现人生理想的必由之路。

（四）是促进学生更好成长成才的现实保障

"我们党取得的所有成就都凝聚着青年的热情和奉献"。[③] 在中国共产党的一百年里，无数的年轻人用自己的鲜血，为自己的国家而战。中华民族要变得强大，新一代的年轻人，也要延续他们一百多年来对国家的贡献。而要培养出一支符合我国发展需要的青年，就必须要有"有理想信念、有道德情操、有扎实学识、有仁爱之心"的教师队伍。教师的理想信念在培育一个人的社会主义伟大理想中起着关键的作用，教师的道德情操在塑造一个人的高尚人格中起着重要的影响，教师的知识在培养一个人的才能中起着举足轻重的作用。教师素质的高低，将直

---

① 人民网．习近平在全国教育大会上强调坚持中国特色社会主义教育发展道路培养德智体美劳全面发展的社会主义建设者和接班人[N]．人民日报，2018-09-11(1).

② 习近平．在北京大学师生座谈会上的讲话[N]．人民日报，2018-05-03(01).

③ 习近平．在庆祝中国共产党成立95周年大会上的讲话[M]．北京：人民出版社，2016：27.

接影响到一个国家的人才培养水平和国家的前途。与百年前相比，新时代高校肩负着更多的育人任务，但也面临着更多的挑战和更多的矛盾。在这种情况下，要对课程思政队伍进行构建，要对教师的政治站位进行提升，要对教师的育人能力进行全面的提升，这样才可以为学生的成长成才奠定坚实的师资队伍基础，也才可以保障国家人才安全。

二、各从其志：高校"课程思政"队伍建设问题所在

"面对新方位、新征程、新使命，教师队伍建设还不能完全适应"，教师们在"意识形态修养"及"职业技能水平"方面仍需进步。在实施课程中的价值观教学过程中，仍然有一些挑战需要我们进一步研究。

（一）部分教师对课程思政与学生成长成才的关系认识不到位

青年的进步和国家的繁荣在价值观上是相符的，为了促进他们的进步，我们需要依靠教育者们实行课程思政。唯有让个人对国家和族群发展的需求转化为自身的信念，个人的梦想和国家的发展愿景方能达成一致。然而，部分教职工对此理解不足，他们可能对该理念如何影响学生的进步及成就有所误判。

首先，一些教师未能充分履行他们的教育使命，他们错误地认为教育的核心在于教授知识，而不是培养学生。

第二，部分教师未能充分理解"少年强则国强，少年智则国智"这个与年轻一代及国家命运息息相关的核心观点，并未以教育思想政治的方式来授课，反倒是引入了一些错误的想法进入课堂，这违背了国家的整体目标，对青少年的身心发展产生了负面影响，无法给国家的进步注入新活力。

第三，一些老师忽视了"德育"课程对学生的正面影响，忽视了将其与其他课程的整合。课程思政中，要强调发挥学生主体性，加强道德教育，提倡"以德为先"，把立德树人作为教育的基本任务，是提高学生素质的重要途径。

（二）通识课、专业课教师课程思政相关知识尚待进一步更新

课程思政是一种充满活力的学科。于高等教育而言，是与意识形态工作同向同行，牢固树立以马克思主义意识形态为指导的思想政治工作，坚定不移地走好自己的道路；于高校而言，是与思想政治工作共同发力，将党的教育方针和落实立德树人的根本任务贯彻到底，提高大学生培养质量的必然选择。于高校老师而言，我们应该和思政课老师共同努力，达到教书育人的目的，使其人生价值得以

实现。于学生而言，这是他们在党的领导下，建立起正确的世界观、人生观和价值观，从而更好地成长、成才，最终实现人生价值的一条重要途径。课程思政对专业课教师提出了以下要求：要坚守自己的理念，深入了解课程思政与高等教育、高校、高校教师、学生四方面关系的相关理论，并将思想政治教育的方法论与专业课教学相结合。

但是，在课程思政实施的过程中，无论是在政策上，还是在理论上，又或者是在实践中，各授课教师都存在着认识上的偏差。第一，一些教师对课程思政的方针认识不够，对课程思政不屑一顾，不理解"三全育人"的基本含义，不了解当前高校思想政治工作的总体目标，不了解教育部对高校思想政治工作提出的十项基本任务以及它们的主要内容，也不理解"课程思政"的相关规定。第二，一些教师对学界关于课程思政的教育逻辑、课程逻辑和教学逻辑等认识不到位。由于通识课、专业课教师都是在自己的专业范围内工作，缺乏对课程思政的理解，导致他们对课程思政的理论研究和理解不够。第三，从实际操作来看，有些老师"跟不上"课程思政实践的步伐。从教育部开始推行课程思政到现在，各大高校和教师还在摸索着一条与校情、学情、课情相适应的课程思政的实施道路，虽然我们在全国范围内的课程思政实践中，已经找到了几个很好的范例。但要把这些例子与各大院校的具体情况进行结合，还需要一段时间。总的来说，目前，高校专业课教师在实施课程思政过程中仍存在着诸多问题，亟待进一步完善。

（三）教师协同育人合力需要进一步加强

在"三全育人"的背景下，学校中的所有学科都已经初具规模并形成一种育人合力，但是，受各种客观因素的制约，这种育人合力明显还不够，其效果还有待进一步提升。大学教师是实施教育的主体，应该从自身的视角寻找提高教学质量的制度和机制。一方面，高校教师以高学历为主体，在自己的研究领域内，通过自己的工作，建立起一套符合自己教学科研需要的知识体系，形成了不同的学科背景。这就导致在教师层面上，教育和教学工作的差异性，使各课程所蕴含的知识目标不尽一致，缺少协同育人的合力，进而导致了不同课程的结构分化。在不同的教育机构中，教师的协同能力表现为多维的特点，这就造成了一些问题，如缺乏明确的合作意识，缺乏有效的协作。另一方面，部分实施了课程思政的高校，尽管它们之间已经形成了一个整体，并且已经开始进行课程思政工作，但是仍然存在着思政课教师与其他学科教师之间的协作能力较低的问题，因此没有寻找到协作的切入点，不能实现协作的目标，不能让思政课教师最大程度地发挥课程思政的作用，不能弥补其他教师在课程思政理论和实践上的不足，所以，没有形成有效的协作机制。另外，一些高校对于课程思政教育的支持力度不够，尚未出台相关的政策，也未得到相关的经费，而且教师的参与度也不高，这就导致了教师在协同教育方面存在着天然的不足，从而导致了课程思政教育的实施效果不佳。

（四）课程思政未能很好列入教学效果的考核评价体系

在大学教学中进行课程思政，是保证大学教学质量的一个重要环节。教师是课程思政实施的最基本主体，对其进行评价，既是对立德树人的评价，也是对高校教学质量的评价。而以此为基础，还可以对教师的课堂思想政治教学效果进行评估，从而进一步提升教育教学的质量。教师对课程思政的理论研究、教学实践与高校对课程思政的效果评价应是一个有机的整体，既有教师，也有学校，既有责任，也有义务。当前国家正在对教育评价进行改革，教育教学工作是动态发展的，教学评价也应当紧跟国家政策指向不断丰富发展。课程思政作为立德树人的一个关键环节，要提高它的育人实效，就必须对它进行科学的评价。但是，有些高校并没有与其同步，也没有形成一套完整的课程思政评估系统。目前，我国大学在专业和公共课程教学的考核评价中仍存在一些问题，主要表现在：一方面，高校对专业课、公共课课程思政的考核指标体系未建成；另一方面，由于各个课程的教学目标、教学内容存在差异，针对具体课程的课程思政评价指标还有待深入研究。此外，高校在对教师的课程思政评估中，还存在着重形式轻内容的现象。一些学校只把课堂上表现出来的课程思政要素作为考核指标，而忽略了对教学大纲、课程标准等教学资料中课程思政要素的考核，忽略了对学生在课程实践或实训过程中课程思政的考核。因此，课程思政的有关考核指标，还未能融入教师教育教学全过程的考核体系，还需要不断改进。

三、志同道合："课程思政"队伍建设策略探索

教师的优秀不是天生的，而是在教学管理实践中、在教育改革发展中锻炼成长起来的。[①]"好老师"被视为课程思政团队构建的目标标准，为了打造这样的一支优质师资力量，我们需要加强对学生们的培养，使他们能够深入理解课程思政

---

① 习近平. 做党和人民满意的好老师——同北京师范大学师生代表座谈时的讲话[M]. 北京：人民出版社，2014：12.

的核心观念，并将之内化于心，同时还需要以政策为导向引导教师们积极行动。

（一）提高教师的育人意识、育德思维和育才能力

要最大限度地发挥教师的育人作用，让课程思政更加有效，只有通过提升教师的育人意识、育人思维和育人能力，才能真正地实现立德树人的根本任务。首先，要增强教师的"育人"意识，也就是必须改变只注重"教书"不注重"育人"的思想，确立"育人在教书之前""育人于教书"的理念，把"以人为本"放在第一位，把价值引导与知识传授、能力培养相结合，使教师真正成为"立德者"，在"立人"中发挥作用，使教师成为"树人者"，发挥授业解惑的作用。育出"什么人"？用什么来"育人"？这是树立教师育人意识的首要问题。党的二十大报告指出，要落实立德树人根本任务，培养德智体美劳全面发展的社会主义建设者和接班人，[①] 这就给教育者育"什么人"的问题提供了明确方向。"用新时代中国特色社会主义思想铸魂育人是新时代思想政治教育的中心任务"[②]，也就是说，思想政治工作要以新时代中国特色社会主义思想为指引，课程思政的落实也是如此。在"三全育人"的背景下，必须将思想政治工作纳入"大思政"的范畴，将其当作一件大事来做，才能确保人才培养的正确方向。其次，加强对教师育人思想的培养，把育人思想贯彻到整个教学过程中去；"育德指培育德性"，[③] 这就需要教师充分发掘学科中的道德教育要素，做到"言传""身教"。一是在教学过程中，教师要注重道德教育。道德是一种社会意识，它随着社会的发展而发生着改变，教师应该把当今世界存在的问题跟自己的专业的前沿发展密切联系，让学生对目前我国所处的时代特点以及学科发展的实际情况有一个更深层次的了解，从而指导学生们对社会主义道德有一个正确的认知。二是加强对学生的道德修养，帮助他们解决学习过程中遇到的挫折与难题，并使他们有胆量去接受挑战。三是要牢牢抓住"为人民服务"的德育核心，把握集体主义的德育原理，并将其融入自己的事业，使学生感受到无所不在、无时不有的社会主义精神，从而真正地建立起"为民服务"的人生观。四是提升教师的教育教学质量，真正实现"树人"。要提高高校的教学质量，就要建立一支高素质、高水平和高创造力的师资队伍。从职业上讲，要"加强师

---

① 习近平.高举中国特色社会主义伟大旗帜 为全面建设社会主义现代化国家而团结奋斗——在中国共产党第二十次全国代表大会上的报告[N].人民日报，2022-10-16日(01).

② 钟启东.用习近平新时代中国特色社会主义思想铸魂育人的内容范畴与精神实质[J].思想理论教育，2020(8)：49.

③ 汤国红.提升教师育德能力的优秀传统文化课程建构与实施[J].上海教育科研，2020(7)：89.

资队伍建设"；从思想上讲，要"突出教育性，使研究人员也能成为教育者"。这就需要高校教师从各方面加强自己的思想修养和专业素养，不断提高育人的能力，使自己的成长与学生的成长有机地结合起来，从而达到"树人"的目的。

（二）加强培训，构建深入人心的"课程思政"理念

加强高校教师队伍建设，培养出一批与之相适应的"新教师"队伍，是当前高校面临的一个迫切需要解决的课题。当前我国高校"大思政"育人模式初步形成，"大思政"育人模式是以"课程思政"为主要内容的，在学校教育教学工作中，必将起到举足轻重的作用。因此，要在教师心中牢固树立起"课程思政"理念，使教师真学、真信、真践行，就要加强培训，深化教师认识，使课程思政深入人心。

一是在培训高校教师马克思主义基本理论时，应进一步加强对世界、国家、民族等问题的研究，增强他们的思想政治素质，培养他们运用马克思主义的世界观和方法论来分析、解决问题的能力。我们应聘请著名的马克思主义理论专家，深入到师资培训班中，把理论讲清楚，把世情国情讲透彻，使教师充分认识到马克思主义理论及其中国化的思想是指引中华民族实现伟大复兴中国梦的必然选择，使教师深刻认识"自由化"等错误思想的危害，摒弃错误思想，并杜绝其在课堂上的传播，自觉践行课程思政。二是要加强与"思政"有关的文件学习，以贯彻落实党中央关于政策改革的各项决定。要保证课程思政的正确导向，就必须认真学习"立德树人"的理念，认真学习党中央、教育部关于课程思政的一系列文件。高校应通过对教师的轮训，来提高教师对政策的认识，把握课程思政给学校带来的机遇和挑战，不断深化课程思政教学改革，从而提高教师的育人实效。三是要注重对课程思政实践成果的参考，以求在思政教育中发挥更大的作用。各大学应给予资金支持，并积极开展校际交流，对通识课、专业课教师实行分级授课，以研讨会、学习班、交流组等形式，吸纳他人的优秀成果。四是要从理论与实践两方面加强课程思政教学的研究，以促进课程思政教学的理论与实际相结合。世情、国情每时每刻都在发生改变，因此，教师们也应该对自己所处的环境作出正确的判断，并据此提出新的思想政治教育理念。高校应通过对教师的定期培训和研讨，增强其对课程思政的理解，推动其进行课程思政的教学方法的创新，打造优质课堂，使其在课程思政的改革和发展中，真正引领其成长。

（三）结伴而行，形成思政课教师与通识课、专业课教师协同育人体系

要建立"思政课教师与通识课、专业学科教师的合作育人机制"，必须以通识

课、专业学科为"半径"，以"三位教师合作育人"为动力，扩大"思政"的覆盖面，绘制"思政课"的"同心圆"，实现"立德树人"的目标。要充分利用思政课"思政"的优势，以补齐其他学科中的不足之处。首先，思想政治教育教师应积极参加"党小组"活动，并在"党小组"中起到表率和示范作用；通识课和专业课的党员教师应该在教研室（系部）的基础上，建立一个党支部（联合党支部），并遵循"支部建在连上"的原则，在教研室（系部）中，要充分发挥党组织的领导作用，将党建工作和教师的专业工作密切结合起来。要积极邀请思政课教师参与党支部的活动，并从思政的角度，客观地分析教研室工作中存在的问题，以便更好地开展课程思政工作。其次，在专业设置上，实现了与普通专业的"结对"；思想政治教育工作者应主动与各系教研室联系，加强与其他专业的交流，为本专业的发展提供必要的教材。一是在高校领导下，将思想政治教育内容融入教育内容中，以通识课、专业课为主要内容。各个学院之间要加强沟通，让思政课教师与通识课、专业课教师共同探讨，实现将思政元素向教材体系、教学体系的转化。二是师生间的协作，让思政课教师深入到通识课和专业课中去，去发掘课堂中能够发掘到的思政要素，从而使"思想政治"的实践内容更加丰富。

（四）制度约束，将课程思政纳入教师考评范畴

教师是高校建设和学生发展的重要力量，一个好的教师评估体系对教师成长、学生成才、学校乃至整个社会都有着重要的影响。教师评价制度是伴随着教育发展而产生的。在当前情况下，如何构建与"立德树人"相适应的新型教师评价体系，对于我国高等教育的发展有着非常重要的作用。所以，科学、有机地把"课程思政"融入高校教师的评价之中，是今后对高校教师进行评价的一条主要途径。高校应根据自己的实际，建立和完善评估制度。首先，要在课程思政视野中，突破不同学科间的界限，促进教师整体素质的提升。高校的课程思政工作，不应仅仅依靠一般学科、专业学科的教师"唱独角戏"，还应充分调动思政课教师的积极性，使之成为一种"主旋律"。在传统的教育体系中，每个科目都有自己的目标和任务，因为学科基础和知识的天然障碍，各门课程的老师们几乎没有沟通。学校应突破这个屏障，进行深入地讨论，建立起教师间的沟通与合作机制，消除不同学科、不同教师在人才培养目标上的差异，把各个学科的教学与立德树人的基本任务有机地结合起来。其次，采取"结对"相结合的方法，建立"先进模式"，并适时地进行激励，使其在每位教师身上发挥作用，使每个教师都有一种被认可的感觉。在教学工作上，要优先推荐教学工作表现突出的优秀教师，并将

其纳入到学校科研工作中。最后，在实施课程思政的过程中，应为教师制定相应的评价指标，用制度来促进其实施。一是高校应充分发挥督导的促进作用，将课程思政的内容纳入督导的考核内容中；二是通过"结对"选拔出的优秀教师担任指导教师，走在高校课程思政发展的前沿，为其他教师提出改进意见，不断推动大学课程思政队伍的建设和发展。

第三节　高校"三全育人"的组织路径的协助

马克思曾经指出，人在其本质上"不是单个人所固有的抽象物，在其现实性上，它是一切社会关系的总和。"①因为大学生是具有一定社会联系的人，所以，"三全育人"是通过学校集体教育来实现的。高校中有很多的团体组织，主要包括党组织、团组织、社团组织等。大学生的学习、生活都是在这些机构中展开的，这就需要我们持续地推动这些机构的建设，通过组织路径实现高校"三全育人"的不断发展。

一、依托党组织，推进高校"三全育人"

（一）学校党建工作现状分析

高校党建工作一直受到党中央的高度重视。1990 年，中共中央发出《关于加强高等学校党的建设的通知》，同年，我国首次举办了首届高校党建工作座谈会，为进一步推进高校的发展做出了重要贡献。从此，每年都要进行一次专门的学习，并对学校的党建工作进行指导。《关于加强和改进在大学生中发展党员工作和大学生党支部建设的意见》由中共中央组织部、中国共产党教育部党组、共青团中央等部门联合发布，对高校学生党建工作做出了明确的安排。根据中央的部署和历次党建工作会议的要求，各校坚持把党建工作放在非常重要的位置，不断加大党建工作的力度，党员的数量和质量都有了显著的提升。目前，高校学生党建工作还存在一些问题，这些问题已成为制约高校学生党建工作的一个重要方面。总结出的主要原因是：在发展学生党员方面，一些学校的政工干部没有对数

---

① 马克思，恩格斯．马克思恩格斯选：第 1 卷［M］．北京：人民出版社，1995：60．

量与质量的关系进行辨证的认识，只一味地追求发展党员的数量，而忽略了质量，导致了对党员的管理不严，有极个别达不到党员要求的学生入党，从而破坏了党员队伍的纯洁，降低了党组织在大学生心中的权威和魅力。在对入党积极分子和党员的教育上，不能跟上时代发展的步伐，仍然以听报告、念文件为主，在教学内容上不能体现时代特点，不能与学生的生活实际紧密结合，影响了他们追求真理、解答现实困惑的积极性。在对大学生党员进行管理方面，由于《党章》对大学生党员的要求过于笼统，导致大学生党员的监督和评价工作不够规范；在发挥先锋模范作用上，极少数大学生党员的入党动机并不单纯，"入党前拼命干，入党后松一半"，在学习、工作上无所事事，严重影响了党在大学生心中的光辉形象。当前，大学生党建工作中存在着许多问题，这些问题给大学生带来了很大的危害，应引起我们的高度关注，并积极采取对策，提高高校学生党建工作的质量。

（二）通过加强学校党组织建设，带动"三全育人"

1. 充分利用党组织的政治优势，发挥政治导向作用

党组织最突出的特点是具有政治导向。高校学生的成长与发展，要坚持政治方向。在高校里，为了更好地把握思想政治工作的方向，必须对大学生进行理想信念的教育。高校党组织作为一种政治组织，应当发挥其政治教育功能。学校在理想信念教育方面具有独特的优势，即有组织健全的各级党组织，又有系统的马克思主义理论教育，有理论修养深厚、学识渊博的专家教授，这都为大学生的理想信念教育提供了良好的条件。组织大学生党员和自愿参加的学生，学习党的基本理论、基本路线、基本纲领、基本经验，用马克思主义的理论来武装自己，让自己更加坚定走中国特色的社会主义道路的信念，更加坚定自己的共产主义理想。

2. 通过建设校园文化，推动大学生党组织文化建设

高校党建工作是高校校园文化的核心内容。高校校园文化与大学党建文化是相互交流、相互渗透的。

（1）促进学生党组织文化建设与校园文化建设的融合。毋庸置疑，学校学生党组织文化建设在其所处的校园环境内，必然会留下校园精神的烙印。要使高校党建文化真正发挥出其强大的凝聚力与感染力，必须将其融入到高校文化之中，使之成为高校的一部分，并为高校师生所认可与接受。例如，校训不仅是一所大学长期价值理念的集中体现，更是一所大学外在的精神面貌，更是一所大学的

"灵魂",更是一所大学党建文化不可或缺的营养。校训不是可以自动生成的,而是需要经过好几代学校领导、教授、专家学者有意识地对学生进行教育,经过长时间的努力,才能被所有的师生员工所认可,并在未来的日子里,作为所有师生的一个共同的行为规范。优秀的校训是一种无声的指令,如北京师范大学校训:"学为人师,行为世范",复旦大学校训:"博学而笃志,切问而近思"。从拥有优秀校园精神文化的高等学府毕业的广大学生和党员,都把这一校训铭记在心,付诸实践。所以,为了更好地巩固大学生党组织文化建设的阵地,必须对党组织文化建设和校园精神文化进行深入的研究,把以校训为代表的校园文化和校园精神融入到大学生的党组织文化之中,才能取得事半功倍的效果。

(2)高校党建文化是高校党建工作的重要组成部分。校园文化的发展,将会促进大学生党组织文化的发展,要注重对校园文化的引导,使其推动大学生党组织文化朝着马克思主义的方向发展。从高校党建文化的健康发展来看,高校党建文化的构建应注重如下内容。

第一,在科学发展观的指导下,建设和谐校园。在校园里,落实科学发展观,要以学生为本,重视培养和发挥学生的民主意识,提高师生对校园文化建设的主人翁感、荣誉感和成就感。

第二,要做好社团的工作。高校学生社团是高校思想政治教育的一个重要组成部分。高校学生党建工作不应仅限于学生的学习活动,更应将其落实到现实生活中去。把党建融入社团,在社团活动中学习马克思主义理论。通过社团活动,可以有效培养大学生党组织的良性文化。

第三,要重视教师团体的引导功能。在高校校园文化建设中,教师是最重要的一群人,他们的作用如何,直接关系到高校党建工作的成败。教师的工作不仅是教学,还有教育。大学教师应该积极参与并指导大学校园文化建设,以更好地发挥大学校园文化的教育功能。要保证学校文化活动的高品质,就要发挥教师的主动性。

总之,学校应根据党的德育目标,高度重视校园文化的建设,探索教学、管理和服务的新思路、新方法,开创校园文化的新局面,并将学生党组织的文化建设融入到校园文化的建设中,让它在潜移默化中,更好地把优秀的年轻大学生凝聚起来,促进他们的成长。

3. 提高党员素质,发挥党员模范带头作用

"一个党员就是一面旗帜。"不少学生党员提出"让党旗高高飘扬",要使党员起到良好的表率作用。一是要做好党员教师的模范。在高校里,有很多学识渊

博、品德高尚的优秀教师党员,他们在高校里的影响力很大。二是在优等生中树立榜样。在入党前,要对其在党内和社会中的表现进行"公示",而在入党后,要对其在党内的工作表现进行"展示",以发挥其模范、示范性的作用。大部分的学生党员为品学兼优的优等生,对引导学生健康成长起到了良好的表率作用,对维护学校稳定、构建校园和谐、促进社会安定起到了良好的表率作用。要使自己的作用得到最大程度的发挥,学生党员必须具有较高的自我素质,在思想上、学习上、工作上都要超过其他同学,在生活上也要团结、关心、帮助同学,特别是对经济困难、学习困难和就业困难的同学,要有为同学服务的精神。他们所做的一切,都是对"三全育人"的真实反映。

二、依托团组织,推进高校"三全育人"

共青团是在中国共产党的领导下,由年轻一代组成的一个群体,它作为中国共产党的助手、后备力量,在"三全育人"中发挥着不可替代的作用。

(一)实现观念创新

高校学生团建设工作要以"人"为中心,贯彻"全面、协调、可持续发展"的科学发展观,以马克思主义为指导,充分发挥学生的个性。为此,在大学生团建设工作中,要从两个方面着手:一是加强组织管理,强化教育和监督;二是要给团员们定目标、履行义务、压担子,加强对团员的制约。在高校办学中,应贯彻"以人为本"的办学理念,充分考虑到大学生的政治、民主、合法需要,重视大学生的自身价值和权益,充分发挥大学生的主观能动性;不仅要建立一套完善的学生教育与管理体系,还要对学生的学习、工作、职业发展、心理、生活等各个方面给予全方位的关怀与服务,构建起一种联系感情、激励事业、缓解心理压力、保障利益的内部激励机制。

(二)加强团组织的思想建设工作

在进行学生团建设理论课学习的时候,学校一方面要充分利用上党课、举办培训班、举行报告会和组织专题讨论等传统的学习方式,有计划地组织团员集体学习,并积极倡导团员自主学习;另一方面应根据当代大学生学习需求的多样性,进行多种形式的课堂教学,采用授课和娱乐相结合的教学方法。总而言之,要对学习的方式和方法进行改善,构建出一套系统的述学、评学和督学制度,让党组织对团员的理论学习展开评估,为团员的学习提供有效的反馈。

（三）加强作风建设，维护团组织的形象

共青团组织作风的好与坏，与人民的支持有关。这是由于共青团工作中存在的一个问题，从根本上讲，就是一个党和群众之间的问题。我们的工作风格与工作密切相关。在大学里，共青团建设的好坏，将会对学生的共青团工作产生很大的影响。加强作风建设，使大学生始终坚持党团的路线方针政策，在走上工作岗位时，积极为社会主义建设事业做出贡献。高校共青团在高校学生中的地位和作用，是由高校学生对青年团员乃至未来党员所做出的评价所决定的。党的良好形象，是衡量政界党团是否得到民众支持和信赖的一项重要标志。

（四）要加强学习型团支部和服务型团支部的建设

共青团是一个以学习为宗旨的集体，高校要以创建学习型团支部为前提，对青年党团员进行经常性的思想政治教育，把社会主义核心价值观融入到青年党团员的教育之中。针对学生团员的特点，对支部的工作与活动进行改革与创新，在教育活动上有所创新，增强了教育的实效，使党团的教育活动更为严肃、更为生动，更贴近学生团员的思想、学习、生活，为学生营造一种可以终身学习的组织气氛，使学习变成一种经常化、普遍化、制度化的行为，使团组织成为团员之间互相学习的课堂。

服务大学生是学校共青团的重要使命。团的性质和职能决定了大学生组织服务大学生的使命。高校共青团要关注大学生的健康成长，为大学生的成长和成才提供良好的服务。高校共青团要着眼于目前高校学生最迫切的需要，而目前高校共青团工作中最为突出的是大学生的就业问题。为此，高校应高度重视和积极参与高校毕业生的就业工作。把党从学校里培养的优秀大学生，输送到祖国的建设第一线，为国家的经济发展服务，发挥他们的创造性和积极性，这是为大学生服务的一种途径，也是实现党的任务的一种途径。

三、依托社团组织，推进高校"三全育人"

高校"三全育人"进社团工作的开展，有以下几个思路和措施。

（一）充分发挥思想政治类社团的主渠道作用

通过社团对大学生进行"三全育人"有两个主渠道：一是通过思想政治方面的理论社团对大学生进行"三全育人"，如马克思列宁主义研究会、邓小平思想和

"三个代表"理论研究会、中国现代史研究会、科学发展观研究会等；二是以爱心社、支教团、义工团体等形式，组织大学生为社会奉献。当前，我国高校以"奉献"为代表的社会性、实践性等为主要特征的社团正蓬勃发展，数量庞大。这两类社团的宗旨是：通过对大学生的思想政治教育进行理论和实践的探索，使思政课程由教室向室外延伸，使理论性和实践性相结合，提高"三全育人"的实效。大学应积极帮助和引导这些社团的成立与发展。

（二）建立健全学生社团管理机制和模式

学校共青团组织负责学生社团的领导和管理工作，按照"一体两翼"的思路，成立了由学院党委直接指导的协会，并向学校公开招募新成员；为了推动学生的专业学习，可以建立在学院（系部）的基础上，并在学院（系部）团委的指导下进行。

依社团之宗旨，并由校务会批准，申请本校之会员。社团联合会应当有计划、有组织地组织各种学生社团，并对其进行评比，从而使其健康发展。社团联合会有权对社团活动的各项活动及财务进行管理，享有监督、检查的权力，要建立一套评价和激励机制，但为推动社团的发展，对学生社团不得过多干预和限制。加强对高校学生社团的管理和引导，有利于高校"三全育人"工作的顺利开展。

（三）加强学生社团管理，帮助学生学会自我管理

学生社团是由上级党组织授权同级团组织对其进行管理并进行具体指导的，而学生工作人员对其进行管理和指导是其自身的工作职责。高校学生社团是高校文化建设中不可缺少的一部分，对高校文化建设起着举足轻重的作用。好的学生社团的管理，为学生的发展提供了一片沃土，丰富了学生的课外生活，让他们学会了自我管理。因此，学生社团应该在适当的时候给予他们足够的重视，给予他们适当的指导和帮助。

1. 社团成员管理

学生社团是一个由具有共同利益和爱好组成的团体，在成立初期，会员人数往往很少。它的核心成员通常是创始成员，或由会员们通过协商一致的方式做出决议。社团初建时要特别指导，在社团成立时，学生工作人员可以指导社团的目标、定位、组织、规模、管理等，其工作的重心是选拔和培养社团的骨干，让他们学会自我管理和自我发展。

伴随着社团的不断发展，其成员数量也在不断增加，因此，可以对其核心成员进行选择的方式也变得更加具有民主性，要以社团成员在日常生活中的表现、民意调查、答辩展示等情况为依据。在社团骨干成员的选择上，要加强对他们的管理，采取不需导师指导的团体活动等科学的方式。学生社团是一个充满活力的团体，他们的核心成员每年都会更换一次，以保证他们永远都是在校的。换届工作是每年工作的重中之重，这也需要学生工作人员特别重视。

在学生社团的发展中，社团指导老师起着非常关键的作用，一般是由专业老师或团委等人员担任，他们可以对社团的定位和发展提供指导，可以帮助社团设计精品活动，也可以对社团工作中存在的问题进行批评指正。

要想在学校的文化阵地上占有一席之地，就需要不断地注入新的血液。从纳入新成员的那一刻起，就要对成员进行管理，社团要对成员的职责和要求都很清楚，在纳入新成员前，要向同学们介绍这个社团的精神，还有它的精彩，让同学们对这个社团有一个清楚的了解，同时也要让同学们明白自己在进入这个社团之后，应该如何去参与这个社团。在高校学生社团中，成员既是活动的对象，又是活动的主体。学生社团是基于他们的兴趣和爱好而成立的，因此，在举办各种活动的时候，一定要让他们感觉到自己的兴趣和爱好。此外，学生社团的活动也不能只限于学校内部，有的时候也要走出学校，为学校的文化做出贡献。对学生团体的经营，主要体现在对会员的培养上。学生工作人员积极参与对学生社团活动的指导，创新，鼓励会员展现自我、锻炼自我，提高学生社团的活力。

2. 社团制度管理

在学生社团中，成员具有更大的自由度，如参加或离开社团、参加或减少活动等。所以，社团的管理是必不可少的。

建立完善的体制机制是高校学生社团系统管理的第一步。学生工作人员要以社团的定位和宗旨为基础，帮助社团骨干制定出学生社团纳新办法、学生社团日常活动管理办法、学生社团会员管理办法、学生社团骨干换届办法等，也就是从会员的加入、活动的开展、到评奖评优、到晋升骨干等全过程管理制度体系。其中，最为关键的一点是体制的科学性和可操作性，大学社团体制的执行要与大学的具体情况相结合，要与社团的定位紧密相连，要有科学的奖励和惩罚机制，才能最大程度地激发会员的积极性，使社团得以良性发展。

在高校中，学生社团工作是一项十分重要的工作。在工作上，要结合组织的规定，对违反规定的会员要进行批评，对有突出表现的会员要予以奖励。在协助制定各种章程的同时，学生社团也有义务监督这些章程的执行情况，同时也会积极倾听社会各界对这些章程的看法和建议，以便我们能对这些章程进行及时的修改和调整。

3. 社团活动管理

社团是一个团体的精神所在，它体现了一个团体的凝聚力。学生社团的活动形式有：经验分享、户外拓展等。社团工作可分一般工作与重点工作两类。一般工作包括定期举办各种社团活动，以增进成员间的相互了解，增进彼此的兴趣和爱好。有规律的活动，可能是一周，也可能是一个月。重点工作包括社团精品活动，是基于社团的特色，充分发挥其优势，为社会、为校园服务，得到他人的认同的活动。优秀的活动讲究的是质量，而不是数量，通过不断地开展一系列优秀的活动，可以大大增强社团的凝聚力。

学生社团在开展活动时，要在老师的指导下，写好活动的时间、地点、目的、内容、安全预案等，学生工作人员要对活动的可行性和可能存在的问题进行评价，并给出一些建议。在社团的各种活动中，学生工作人员要特别关注社团的安全和其他问题，并要适时加以监督。

（四）加强对学生社团的扶持，促进社团健康发展

一是高校要建设一支高素质的导师队伍。要使这些具有理论性和专业性的社团得到充分的发展，有一批导师是必不可少的。学校应选聘具有较高政治素质、较高理论水平和较强业务能力的老师，并对其进行适当的指导。同时，也可以邀请社会上的知名人士和专家来指导学生社团的工作。

二是大力培养社团的中坚力量。一个社团的领导，可以起到很好的引导的效果，同时也可以起到"明星级"的影响力，可以说，一个社团的未来，主要还是看他们的领导和核心成员的实力。共青团组织可以通过干部培训班、经验交流会等形式，自觉地组织他们学习，提高他们的政治觉悟，增强他们把握大局、服务大局的意识和能力，明确他们的工作职责，帮助他们解决工作和生活中的问题，为他们的工作创造良好的环境，指导他们学会营造团结奋进、务实创新的社团内部氛围，让社团成员的集体荣誉感、责任感和成就感得到加强，从而提高社团的凝聚力和战斗力。

三是增加对学生社团的投资。要通过多种渠道筹集资金，划拨专项经费，支持社团的发展，为学生社团提供必要的活动场所和活动设施，并鼓励学生社团利用社会资金开展社团活动。要加强对会员工作的考核，对表现突出的会员给予奖励，以激发会员工作的动力。

四、依托班级、学生会组织，推动高校"三全育人"

（一）加强班级建设，推动"三全育人"环境建设

高校学生的学习与生活，离不开课堂。班级是学校为了满足教育与管理的要求而设立的最基本的组织形式，是大学生自我教育、自我管理、自我服务的重要组织载体。因此，在大学"三全育人"中，要加强对学生的班风和学风的双重建设，充分发挥学生群体的积极影响，实现"三全育人"。

一个班级的建设，首先要有一个好的班风和好的学风。近年来，我国高等院校为营造良好的学风做了很多有益的探索与实践，也收到了一些成效。一个优秀的班集体，通常具有如下共性：有一个团结、进取、奉献的班委，有一个明确的班级工作目标，有一个有特色的班级活动，有一个良好的班级形象，有一个良好的学习氛围。以交流思想，相互关心，相互协助，团结一心，共同成长。在"三全育人"的过程中，我们要抓住以下几个重点。

1. 确立班级共同目标

班级目标是指学生对整个班级的期待与追求，它是推动整个班级发展的原动力。班委要以学校和学院（系）的培养目标和要求为依据，以大多数同学的需要为出发点，制定出一套分阶段的、有特色的、有针对性的发展计划，以达到一个共同的目标，并将其分解、细化，循序渐进地完成。比如，学生的学习优秀率、考试通过率、就业率、管理合格率，以及在各种竞赛、文娱活动等中的表现，都可以制定较为具体的目标，并阐明实现目标所需的措施，用一个共同的目标把全班的学生凝聚在一起，使他们相互促进。

2. 加强班级制度建设

通过构建良好的班规，使班级达到共同的目标，这样，就可以实现课堂的自治与自律。班级制度是以学校相关制度为基础，在班级中的具体体现，具体包括：班干部工作制度、班干部换届选举制度、主题班会制度、学习制度、卫生制度、班费使用制度、评选先进制度、奖学金评定制度、助学金评定制度等。实践证明，在与全班同学利益相关的事情上，经过民主讨论后，会形成一定的规范。以制度作为班级成员共同的行为准则，可以有效地促进班级同学从他律走向自律，从而达到自我教育的良好效果。

3. 发挥班干部带头作用

班级委员会是班级的中心，它在班级凝聚力中发挥着重要的作用。要想选出

一群真正为同学们服务的干部，不仅要有为同学们服务的愿望，还要有为同学们服务的本事，还要有自己的人格和号召力。要做到这一点，就要充分利用民主，从那些学习成绩好、思想品德好、品行端正的学生当中，选出一些出色的学生来当班委，特别是班长和团支部书记。一个好的班级，往往都是在一个好的班长的带领下诞生的。

4. 发挥活动导向作用

在大学"三全育人"中，把班级活动作为主要的实践内容，对于培养学生的品德、培养学生的集体主义精神都有着重要的实践价值。其中以阅读比赛、文体比赛、主题班会比赛、社会调查比赛、徒步旅行比赛、班级形象设计比赛等为最多且成效最佳的活动。班级要在活动主题的确定、活动计划的制定、活动形式的选择上下功夫，要准确把握学生的心理反应，要有效地解决学生的思想和实际问题，要在更大范围地团结同学、组织同学、教育同学的同时，还要强化引导性，增强针对性，提高实效性。

（二）加强学生会建设，推动思想政治实践教育

高校学生会是高校学生自我教育、自我管理、自我服务的社团组织，是高校在学校党委、团委的指导下，大力推动"三全育人"的重要载体。因为学生会与学生之间有着天然而广泛的联系，可以直接代表学生的利益，同时也可以作为学校和学生之间的桥梁和通道，因此它在学生之间的影响是巨大的。培养一大批思想品德好、服务意识强、工作作风好、管理能力强的学生干部，为学校的各项工作和"三全育人"提供了有力保障。要做到这一点，学校学生会应当在一定程度上，自觉地服从党的领导和团的引导，坚持从学生中来、到学生中去、为学生服务的优良传统，将学生的声音组织起来，让学生们能够更好地聆听他们的声音，更好地反映他们的诉求，更好地为他们的利益服务，让他们能够更好地与现实、与生活、与学生更加紧密地联系在一起。许多高校学生会在工作实践中总结出"三个一"的工作方式，即"一体"（即将学生会的工作和学校的工作结合起来，并得到校方的大力支持），一线（即学生会要走在学生的第一线），一流（即学生会要在工作中不断地创新，敢于探索，力争达到一流的水准），为学校"三全育人"的实施提供了一种有益的实践。

第八章

新时代高校"三全育人"的
实践探索与创新发展研究

抓住人才培养中的根本问题，抓住"立德树人"这个中心环节，将思想政治工作融入到教育与教学之中，是新时代高校思想政治工作必须坚持的基本原则，也是提高高校思想政治工作实效的基本保障。道德教育是一件长期的事情，既要涵盖学生从入学到毕业的整个过程，又要针对学生不同年龄段的需要和特征，采取行之有效的方法，有针对性地开展道德教育。同时，要将育人的作用置于学生的生活历程中，将思想政治工作置于学生知、情、意、信、行的全过程的时间序列中，使高校的思想政治育人工作由短期教育转为长期教育，实现学生的可持续发展。

大学生的发展是一个不断改变的过程，在每个时期、每个阶段，他们的群体特点、面临的问题、思想的困惑等也都呈现出很多的不同，所以，在大学中要注意从时间和空间两个角度来分析学生在各个阶段的差异，并针对这些差异展开针对性的教育，从而取得最好的教育效果。按照大学生不同时期的特点，把大学生的生活划分为三个时期：新生期、在读期和毕业期，并在此基础上，针对不同时期大学生的特点和存在的问题，制定相应的教育策略，以达到"三全育人"的目的。

第一节　大学生入学教育

对于每个学生而言，从高中升上大学，都是一个崭新的篇章。可是，在这个完全不熟悉的地方，在这个完全不了解的世界里，梦想与现实的巨大反差下，最初的新鲜感、兴奋感、喜悦感、荣耀感，都渐渐褪去，取而代之的是忐忑、挫败、担忧、迷茫。高校一年级的学生面对着一系列的问题，例如：骄傲和自卑相互交织、新鲜和怀念相互矛盾、独立和依赖共存、交流意识和封闭心理相互矛盾、求知欲和知识水平相对较低等。这就需要教师对其进行正确的引导，使其在人生的各个重要阶段都能充分发挥其独特的魅力。

一、新生入学时的特点分析

（一）期望值过高引起的失落心理

每个人都有期望，期望在个人发展与社会发展中扮演着重要角色。有了盼头，人生才能有个计划。对于那些通过高考考上了大学，并顺利进入了大学的人来说，他们对大学生活的期望值过高，往往把自己的大学生活想象得过于美好和理想。这就造成了他们在上学的时候，总是对自己的生活充满了幻想，对自己的未来充满了幻想。有些同学觉得，大学生活应该是悠闲的，刚进校园时，就带着一种轻浮的心态。这一心理状态主要体现在：对现实校园生活的理解不够深入，对校园生活的规划与准备不够充分。这直接导致了学生走进学校，发现学校的实际情况与自己想象的有很大的差距，从而产生了失望、挫败和迷茫。

（二）目标缺失

一般来说，能够被录取的学生，在上高中之前，就已经有了一个明确的目标。也正因如此，他们在学习上不觉得苦，也不觉得累。但一上了大学，他们就觉得自己可以放松一下了。这种人在进入大学之后，会觉得很迷茫，很无助。他们不清楚自己到底要在这里学习什么，也不清楚自己的学习目的是什么，更不清楚自己未来能做什么。

（三）学习动力不足

刚刚结束了高考的学生们，怀着各自的理想，怀着喜悦的心情，开始了他们的大学校园之旅。但是，相对于高中的严格要求，他们对大学的自由宽松的学习氛围，丰富的课外活动，自由的学习时间，却没有很好的适应。这就导致了许多大学生缺乏学习的积极性。

这主要是因为：第一，近几年，随着高校招生规模的扩大，更多的高中毕业生走进了大学，享受到了更多的高等教育；一方面，这将扩大我国高等教育的受益者范围，但是，另一方面，对于学校来说，会影响到学生的素质，或者说，会导致学生的素质降低，有相当一部分的教师认为，如今的学生已经没有过去的学生那么积极了。第二，在高中里，目标比较明确，那就是考上一所大学。一旦进入了大学，他们的目标已经达成，就会产生一种懈怠的心理，认为上了大学，学习方面就不需要那么刻苦。第三，当今的大学生大部分都是独生子女，他们的思维还很不成熟，不会进行独立的思考，不能为自己的未来做好规划。整天无所事事，也就没有了学习的动力。第四，有些学生认为，在学校里，学习氛围比较放松，只要考过就可以了，没有必要刻意去考个好成绩，他们将自己的精力放在了其他事情上，认为成绩并不是就业的必要条件。第五，随着现代社会的快速发展，人们的生活水平也在不断提高，大部分的学生已经抵挡不住各种诱惑，一些自制力不强的学生也不能集中精力学习。第六，有些学生还不适应这种自觉性强的大学生活，经常感觉到教师的教学进度过快，上课时抓不住重点，渐渐失去信心，进而讨厌学习。第七，现在的大学生有很强的从众心理，自我控制力不强，很容易受到他人的影响，有些人的不良行为很可能会波及一部分人，乃至全寝室的人。

（四）生活上的不适应

上了大学，没有了家长的悉心照料，有些同学因为没有独立生活的能力而无法很好地适应新的生活，有些同学消费没有计划，生活费用常常"月光"；有些学生在高中时期，终日奔波于食堂、教室和宿舍之间，面对着丰富多彩、应接不暇的校园社团，一时之间无法适应；有些同学因为没有群体意识，以自己为中心，经常期望得到别人的关怀与帮助，而不知道互相帮助与谦让；有的同学不习惯当地的气候、饮食、语言、学习、上课等。

二、入学时学生思想状况存在的主要问题

（一）多元化的理想信念

当今世界，随着经济的飞速发展，新技术的不断涌现，整个社会的竞争日趋激烈。这对现在的学生而言是一项巨大的挑战。在这个生活、文化、经济越来越多元化的时代，人们的价值观念也发生了变化。随着大学生接触到的新事物越来越多，他们的眼界也越来越开阔，他们面对更多的诱惑和考验，但同时，也会将更多的机会带给大学生，正所谓挑战与机会并存。在现代社会，大学生所面临的是一个多姿多彩的世界，他们的每一项计划都充斥着不确定与危险，这给世界观、人生观、价值观尚未形成的大学生造成了巨大的心理冲击。当今，随着市场经济的迅速发展，一些学生的行为方式、思维方式也随之发生了变化，且价值观也随之产生了偏差，导致了享乐主义、拜金主义等现象的盛行。

（二）价值取向功利化严重

当前，有些高校的学生只关注眼前的利益，对自己的价值目标的树立太过实际，对"钱"和"名"的关注太多。比如，在高校的选科上，建筑工程、金融等被视为"金饭碗"的专业，是学生们的首选，这就造成了某些地区这类专业的人才出现了饱和，甚至出现了溢出的情况。在上了大学以后，他们所关注的问题更多的是关于这个专业的就业方向、国企和私营企业，以及就业待遇等的功利性问题。有

些新生，在学校里进行着学生会干部的选举，参与到各种各样的活动之中，就是想要得到更多的机会，从中获取更多的好处。

三、入学时育人对策

（一）利用新生军训进行思想政治教育

在入学后，新生的心理特征是：他们刚经历了一段紧张的高三生活、一段严峻的高考、为期三个月的暑假，他们觉得上大学后要不顾一切地去玩，在轻松的环境中，他们可以随心所欲地去做自己想做的事情，进而产生纪律差，不服从管理的行为；有的大学生，集体观念还不够清晰，对新环境的适应能力还不够强，就会产生紧张与不安。为此，应针对大学新生的心理特征及特殊体质，科学、合理地进行军事训练。在军训教学中，应严格遵循军训纪律要求，以"三大条令"为依据，重点进行小分队战术、军体拳、队形训练、军事理论等方面的训练，以使学生能够吃苦耐劳、不畏艰险、坚忍不拔，加强团队合作意识，加强身体素质。在进行军训课程设计时，教官要讲究一定的步骤，先进行低强度、后进行高强度的训练，还要强化对学生的心理辅导，对于存在问题的学生要及时进行思想政治教育工作。在训练中，教官应充分起到示范带头的作用，做到全面、细致、深入。在大学生活中，军训是一项重要的课程，它对提高大学生的综合素质，提高大学生的纪律性和集体性具有重要的现实意义。它的特点决定了它在大学生世界观、人生观和价值观的形成中有着特殊的作用。

（二）开展形式多样的入学教育，提高成效

在大学，有心理咨询活动、有社团活动、有多种形式的爱国教育以及社会实践活动等是课堂教学的补充和延伸，大学生参与此类活动，既能开阔眼界，又能增长见识，还能提高自己的素质。不管是以服务为宗旨的志愿活动，还是以社会实践为主的社团活动和文体活动，都应该具备开拓创新的精神、与时俱进的精神、爱国主义精神、集体主义精神和民族精神。在这个过程中，要一直保持积极的心态，要有正确的指导，让同学们在各种活动和实践中感受自己、了解自己、领悟自己、认识自己，并在与别人的沟通中，不断提升自己的思想道德，提升自己的综合素质。在此基础上，提出了一种新的、有针对性的入学指导方法。通过开展心理健康教育、专业发展讲座、新生联谊舞会、大学生职业生涯规划等活动，帮助大学生在刚进入大学的时候，更好地适应大学的生活，明确大学生活的

节奏，明确自己未来的发展方向。

第二节　大学生在读教育

大学一年级的生活结束后，学生们对学校的环境、学习方式、生活方式、交往方式、老师和同学都有了比较清晰的认识，他们的学习也逐渐回到了原来的状态，这时就需要教师对他们展开积极的引导，让他们的思想、心理和学习等方面都可以获得更好的发展。

一、在读期学生特点分析

（一）知识水平较高但素质较低

在同一年龄阶段，大学生是文化水平较高的人群。但有的同学文化水平高但是素质不高，例如在学校吸烟，到处扔烟头；在课堂上、操场上、寝室内，随意丢弃瓜子壳、废纸、吐痰等；故意毁坏公物，上课时涂鸦；没有教养，不尊重教师，上课迟到早退，旷课；在就餐的时候，随意插队，不排队，经常发生斗殴、口角、仗势欺人的事件；不重视两性关系的结果，在公众面前显得过于亲昵；没有强烈的团队观念，不爱参加班上各种活动，缺乏集体荣誉感和责任感；过度地追求物质的享受，而不是节俭，浪费水、浪费电，追求享乐主义，贪图吃喝玩乐，与人攀比，买名牌衣服，有时候还会酗酒、吸烟，等等。

（二）有强烈的政治热情但缺乏辨别是非的能力

大部分大学生爱国情怀比较强烈，他们坚定拥护中国共产党的领导，也为目前的世界局势、国家兴亡感到忧虑。但是，由于他们自身的社会经验尚浅，其政治素养和判断能力尚不足，难以有效地分析身边的社会事件，难以透过现象看本质，很容易将一件事情隔离开来，造成某些错误的认识。而且，随着新媒体的飞速发展，这些误解也会被快速的扩大和扩散，加深他们的偏见。

同时，随着中国整体实力的增强和国际影响力的增长，中国在国际社会中所扮演的角色也越来越重要。在过去的"冷战"思维下，西方国家对社会主义中国的意识形态倾向进一步深化，意识形态的对抗也愈演愈烈。有些国家利用电影、行为艺术、体育等手段把自己的价值观传递给中国，还利用某些政治言论和事件抹黑我们党，诋毁我们的社会主义价值观。在这个过程中，大学生常常会不知不觉地受到资本主义的某些腐败文化的影响，被一些别有用心的人所利用，从而导致出现错误的认知。

（三）有远大理想但过分追求个人价值

在学校阶段，大学生的自我奋斗和自我规划意识很强。随着改革开放的深入，个人在自我价值的实现上有了更大的自由度，在生活方式、工作节奏等方面有了更大的自主权，政府也在对社会放权，这就更好的激发了人民的工作积极性和干事创业的热情。大学生处在一个由学校走向社会的转型期，他们对自己的将来有很大的期待，也有很强的想象力，他们渴望用自己所学的知识来实现自己的理想。

然而，我们也应当看到，在当代大学生中，有一种自我发展脱离社会发展的倾向。在选择自己的职业目标与发展方向时，往往会以自己所能获得的利益最大化为第一要务。当前，大学生们追求的是创业、做网红、当明星，而教师、医生、研究者等职业在他们的就业选择中却被忽略了。他们在追求自身价值时，常常不以对社会做出贡献为目标，只以自身利益最大化为目标。

（四）对新事物产生好奇心理但心理困惑较多

科技的进步，生产力的进步，所带来的一系列变化，就连"象牙塔"中的大学生，也受到了很大的冲击。在这种飞速发展的情况下，许多大学生开始感到不知所措，对社会和校园生活的适应性开始产生问题，主要体现在他们的心理承受能力和调整能力上。比如，在面对越来越多的竞争压力时，会造成在精神上的沮丧，在遇到挫折后，会造成在心理上的过度焦虑，在团体生活中，因为缺乏有效的沟通技巧，会造成的人际关系的紧张，在毕业面临就业选择时会产生恐慌。当前，高校校园内发生的诸多惨案，正是大学生心理健康问题的集中反映。

（五）积极参与竞争但存在投机取巧心理

大学生没有多少社会阅历，他们的世界观、人生观和价值观都还不够成熟，他们对市场经济的意义并不清楚，他们会下意识地嫉妒那些通过不正当竞争获得利益的人，甚至会模仿不正当的竞争方式。在当今社会，每个人的生活中都充满着竞争，学生们的竞争性和参与性很强，一方面，他们表现出了年轻人的朝气，他们乐于把自己的积极性发挥到极致，在竞争中脱颖而出，充分体现了学生奋发向上、不落下风的精神风貌。而有的同学却没有上进之心，抱着"知足常乐""平淡为真"的态度，集体观念淡漠，纪律观念淡漠，对学业没有认真对待，在考试中抱着侥幸的心态，在考核中作弊，在评定个人荣誉的时候，以为通过权力和金钱的交易就可以得到评优奖的机会，利用香烟和酒水的好处，为他人做嫁衣和走后门，投机取巧。

二、在读期育人存在的主要问题

（一）教育内容不够丰富且相对滞后

书本上的知识，已经跟不上互联网的发展了。这样的情况经常会发生在高校思想政治教育课程的教材中，在高校中，思想政治教育包括了各种各样的内容，比如世界观、人生观、价值观，马克思主义理论，以及思想道德等。在现实生活中，高校的思想政治工作往往更贴近现实，更有实效。只有把自己和外面的世界紧密结合起来，摒弃掉那些虚无缥缈的东西，才能真正让人对这门学科感兴趣。但是，教材从编写到审核，再到出版，都是一个漫长的过程。等师生拿到了课本，里面的东西却是远远落后于时代的发展，难以体现时代的进步。所以，在现实的思想政治教育中，如果不能对时代的发展趋势进行及时的把握，就会不断地向学生灌输过时的知识，就会导致教学内容的滞后。目前，在大学生思想政治工作中，还存在着不少亟待解决的问题。

1. 内容倾向政治教育

相对于其他专业课程而言，我国高校思想政治教育内容既以"思政课"为主，又以"人文性"为主。由于一些老师的误导，以及对大学生自身认识的不足，使许多大学生把大学生的思想政治教育看作是一种政治导向的活动或一门政治课。由于高校的思想政治教育以"宣传"为主要目的，所以，在教学过程中，一般以"政治"为中心。然而，由于在课堂上的授课常常是一种强制性的、有针对性的授课形式，使学生的学习积极性十分低下，从而使他们对思想政治教育就是政治课这一观念存在着偏差。

同时，由于大学生刚刚完成了中学政治的学习，他们的思想政治教育无论是在教学内容上还是在教学方式上都与中学政治有着很大的相似性，例如近现代史、哲学、政治体制等。尤其是对于文科生来说，他们在中学时已经学习了一系列的东西，因此，他们会产生"没有必要"的幻觉。在此阶段，学生对所学的内容缺乏创新意识，学习热情不高。当今社会，不同学科间的联系日益密切，大学生既要接受思想政治教育，又要接受特殊的专业培训，而且在未来的工作中，对他们的综合素质提出了更高的要求，因此，他们必须学习社会科学、人文历史等领域的知识。然而，部分高校的思政工作却存在着内容比较单一的问题。

2. 内容与学生实际偏离

思想政治教育是一种特殊的教育形式。在大学阶段，他们必须了解和掌握与国家和社会发展相适应的有关理论知识；但是，在教学过程中，许多老师不能站在学生的角度，深入理解他们的内心，没有把他们看作是一个具备价值判断和理论建构的成人。在对贫富差距、教育公平、贪污腐败等问题的认识上，教师较少应用马克思主义的有关原理对这些问题进行分析，缺乏将思想政治理论与现实联系起来，降低了思想政治教育的实效性。

大学生在学习、职业选择、男女关系的处理在面对这些崭新的生活话题时，如果处理不好，就会给学生带来严重的心理问题，严重者还会导致学生轻生。目前，我国高校的思想政治工作出现了很大的滞后现象，出现了问题后再处理，并以各种理由将问题推到一边。马克思指出："我们不是从人们所说的、所想象的东西，也不是从只存在于口头上所说的、思考出来的、想象出来的、设想出来的人去理解真正的人。我们的出发点是从事实际活动的人。"在高校思想政治工作中，心理健康工作是十分重要的一个环节，它要贴近大学生的心理，及时地对其进行疏导和疏导，这样就可以避免很多的悲剧。

(二)方法缺乏创新

如何落实教育内容，直接影响到教育效果。要使大学生的思想政治教育工作更好地开展，必须采取适当的方法。在教学过程中，要把学生放在第一位。与高中学生相比，大学生的自主性更强。教师要改变过去那种灌输式的教学方式，要培养学生的独立思考能力，让他们可以发现问题，进行团队合作，进行交流，进而自己解决问题。与此同时，在进行思想政治教育时，要注意方法，要采用"润物细无声"的方式，让学生在不知不觉中受到影响，这样才能更加彻底、更加有效。除此之外，随着网络技术的发展，新媒体也对教学产生了巨大的影响，所以教师要与时俱进，要善于运用新技术，创新课堂教学，增强师生之间的互动效应，提升课堂的效率，以此为基础，进一步强化大学思政工作的信息化。

1. 形式单一，过于强调理论讲授

目前，大学的思想政治教育工作者在教学过程中，往往会将教学转化为一种单方面的灌输，"念"着所学的内容，让同学们死记硬背，最后的考核方法就是让同学们通过最后一次的考核，这样的教学方法很难起到应有的作用，也会引起同学们的反感，从而忽略了同学们的主体性，缺少了同学们之间的交流，从而造成了课堂教学的失败。

课堂教学大多以"讲授"为起点，所以，教学的核心就是"讲授"。从一种理念的理解，到一种原理的运用，都离不开教师对其进行理论解释。当然，这并不是说什么都要讲，也不是说什么都要死记，而是要提高自己的讲解水平，要擅长用浅显易懂的话来表达，将一些晦涩难懂的东西，转化为学生能听得懂的内容。"在一节课之后，一个人能记下多少，能养成怎样的思考习惯，不在于他选择了哪一门课，而在于这门课的授课方法和授课的质量。"也就是说，授课也是有艺术的。

2. 方法形式化，无视大学生的主体性

在日常的工作中，高校的思想政治教育工作者们往往存在着懒散的问题，不注重创新，在进行思想政治教育时，往往是照搬过去的方法，忽略了在实际的教育中，学生的主体性和不可控制的因素，不能灵活运用和改变自己的教育方法。同时，大学的思想政治教育注重道德的教化和政治的指导，而忽视了学生的内在感情和现实需要，导致学生们尽管掌握了大量的理论和道德，却不能把它们运用到现实生活中去。注重宣传，但大多都是些空洞的政治口号，没有真正了解到学生们的真实想法，不能对他们的心理状况做出有效的引导；"谈心"是一种形式，仅仅关注于"对话"，无法从"对话"中得到真实的感受；由于缺乏对学生的关怀，以及"因材施教"的教育理念没有得到正确的落实，使得学生对老师的态度发生了很大变化。这一"形式化"现象，从本质上影响了学生对所学知识的理解，阻碍了所学知识在实践中的广泛应用。

3. 忽视隐性教育的重要性

与显性教育相比，隐性教育是一种与显性教育相对应的教育方式，即教育者在教学过程中，有意识地隐瞒自己的教学目标和教学方法，让学生通过校园活动、社会实践、团队合作等方式，自己总结自己在活动中得到的经验和教训，以实现教育者的目标。这样的方法，比显性教育要好得多。在我国高等教育发展的今天，许多大学都认识到了潜移默化教育的重要意义，并在潜移默化教育中投入了大量的人力、财力和物力。然而，由于人们的认知水平受到限制，高校对名次的追求，有一种急于求成的心理，很多学校都将资金投入到了诸如校园外观建设、实用性学科等能够立刻见效的方面，而思想政治教育的隐性教育因为持续的时间较长，因此获得的投入也相对较少，这就导致了大学思想政治教育隐性教育的成效较差。

（三）功利主义的现实挑战

功利主义，"就是一些人为了眼前的利益，不惜一切代价，只顾眼前的利益，却忽视了长远的发展，常常会产生不良后果。"目前，很多大学在课程设置和人才培养方式等方面都已经开始注重对学生的全面素质教育。然而，由于就业率在高校评估中中所占的比重过高，有些教师和学生将大量的精力投入到与就业相关的专业课上，以致于在进行素质教育时，只能停留在纸上谈兵，一切活动都以毕业生就业为导向，急功近利的心态十分严重。

1. 教育目的功利化

学校的建立，就是要把人类在这个未知的领域中所取得的成就，教给子孙后代。在社会生活日益复杂的情况下，大学逐步承担起了一定范围内的社会性劳动，从而导致了学术和市场的高度融合。大学参加社会分工，极大地推动了社会的发展。但是，我们必须认识到，高校的首要任务，仍然是为国家输送高素质的人才。有不少高校为了快速提升学校的品牌影响力，在工商管理、金融等热门学科的建设上花费了巨大的财力和精力，而在人文社会科学等学科的教育资金上，则显得比较紧张。一些高校教师因过分关注与企业和政府机关的联系，将工作重心集中在教学和科研方面，忽视了对学生的管理。

2. 学生选择倾向功利

在社会的竞争与生活的压力下，大学生们的最终目标不再是学习知识，而是一份稳定的高收入的工作。现在的高考，学生们对于自己所学的专业，也不再是按照自己的兴趣来选，而是将目光放在了薪酬和工作的热门上。大学生的选择专业的做法，会把这一点传递到大学，大学在设置专业和课程时，常常只是把重点放在了提高专业能力上，而像思想政治教育、艺术鉴赏等这些对学生个体的全面发展有着举足轻重的影响的课程，并没有受到太多的关注，只是象征性的设置，这种教育模式导致了大学生个人发展不充分，个人综合素质不高，对社会、民族、民族等方面的认识不足。

在高校教育中，要保持高校教育的"净土"，要抵御"功利"，就要树立"崇高"的理念。大学应该通过思想政治教育，来构建一道抵御功利主义的防火墙，帮助大学生树立起正确的世界观、价值观，提高他们的责任意识和道德观念，使之变成一种能够推动社会发展的正面力量。基于这一认识，高校应该更好地发挥通识教育的作用，以通识教育促进学生人文素养、思维质量和整体素质的提升。要将思想政治教育和人文素养教育有机结合，培养出有"志存高远""家国情怀"的青年人才。当然，强调这两种教育的重要意义，并非要高校走向另一种极端，即放弃对专业教育的关注，而是要科学地理解这两种教育的关系，这两种教育并非对立，而是互相促进。因此，在人才培养中要处理好人才"专业化"和"素质"之间的关系。

（四）社会变革带来的价值观冲击

马克思主义认为，社会存在决定社会意识。价值观念是一种客观存在的社会现象，它是一种社会意识的一种表现形式。我们是在中国共产党的领导下的社会主义国家，我们党和国家所提倡的社会主义核心价值观，是与我们当今社会最相适应的一种价值观，我们必须在我们的社会中，时时刻刻都在践行着社会主义核心价值观，维护我们的社会秩序，维护我们的社会体系的正常运行，建立一个社会主义的和谐社会。

改革开放四十多年，社会变化剧烈，阶层的分化，价值观的多元化，意识形态的冲突，有些与社会主义核心价值观严重背离，这对我们大学生的思想政治工作提出了严重的考验。

1. 大学生容易被消极、错误的价值观误导，心理不成熟

一个人的价值观是从他个人的社会实践中产生出来的，并对他的行为产生影响。正面的价值观可以推动人的发展，负面的价值观则会阻碍人的发展。青少年由于阅历太少，很容易受到诱惑，失去自己，遇到困难，失去信心，走上歧途。其中，大学的通识教育在建立正确的价值观念方面起着特别重要的作用。通识教育是以人为本，以人的价值观念、人生观为核心，使人能更好地融入社会，从而更好地适应社会。高校学生的很多理念和思维尚不成熟，其价值观也在发生着改变，此时，通识课程就可以通过马克思主义文学、道德、哲学等方面的知识，帮助学生树立科学的价值观，指导其行动，增强其对社会主义的信仰。

2. 多元化的价值观

伴随着市场经济的快速发展和全球化的不断深化，人们的交流和联系日益密切，特别是互联网的飞速发展，使得人们能够更好地进行"零距离"的交流。在全球范围内，不同的文化相互碰撞、交融，产生了不同的价值观，其中既有好的，也有不好的。全球化在促进各种文化交流、促进社会进步的同时，也使其它资本主义国家更容易把他们的价值观念灌输到我们身上。好莱坞电影，肯德基、麦当劳这些具有西方资本主义色彩的食物，在很大程度上影响着大学生的价值观。西

方各国通过生活中的各种因素，来宣扬自己的生活观、文化观，在无形中，传播了自己对国家体制、社会价值的看法，影响了我们大学生价值观的选择。

三、在读期育人工作的对策

（一）扩展思想政治教育内容

对大学生进行思想政治教育，是一件涉及到历史、文化、道德、法制等多个领域的工作。另外，随着社会的发展，不同的学科也在不断地相互交叉和融合，这就要求思想政治教育的内容也要不断地更新，要跟上时代的步伐，要有敏锐的眼光，要时刻关注社会的热点，不断更新自己的知识，拓宽自己的涉猎范围。然后，结合普通课程的相关内容和实践，结合大学生身心发育的特征，对其进行更新和改进。

第一，必须紧跟时代潮流，反映出新时代的特征。随着世界的发展变化，高校思想政治教育的内容应反映出这一发展变化的特征，高校中的马克思主义的宣传要符合学科规律和时代发展的需要，不仅要做好经典马克思主义的讲授，还要善于运用现代马克思主义来阐释当前的社会现象。高校的通识教育，更要与时俱进，"既要确保一贯性、完整性，以达到人文教育的目的，又要保持知识的多样化、开放性，与当前社会、世界的发展潮流相一致。"要与国内外大事相联系，及时地对落后的理论进行修改，将最新的、最贴近实际的理论补充到教材中，提高学生的独立思维和动手解决问题的能力，提高他们的明辨是非的能力，把他们培养成为能够运用马克思主义基本原理来分析各种问题的人，扩大马克思主义在新生代的影响。

第二，要强化以人为本的人文主义教育。通识课程是以人的全面发展为宗旨，其中心是人文科学与社会科学。要把高校通识教育与思想政治理论课有机融合，在加强大学生人文素质教育的同时，充分发挥其教育作用，"只有运用丰富的人文社会科学知识和理论，分析、论证思想政治理论课的教学内容，才能让大学生在理性自觉的层面上，认同我们所倡导的主导意识形态，才能理解我们为何要坚持马克思主义的指导地位，用马克思主义理论来占领高校的思想文化阵地"。大学思想政治教育课程和大学公共基础课程的教学内容有许多共同点。其中的人文知识能够让思想政治理论教学变得更加有趣、生动，同时也能让学生在学习人文知识的同时，更容易让他们了解并接受思想政治理论。比如，在马克思主义、政治教育、中国历史、文化、伦理、法制等方面，都有很多共同点，所以，只有对其有所了解、有所掌握，才能更好地吸收、运用。

第三，要与高校学生的现实需要相联系。现代教育理论将学生视为教学的主体，要重视激发学生的主观能动性。在高校思想政治工作中，要关注学生的需要，根据他们的需要来进行教育，从而提高他们的思想政治工作效果。这就要求高校的思政课教学要与高校学生的现实需要相适应。一是做好调研，准确把握大学生的需要。"大学生是真实社会中客观存在的，有着自身特殊利益和需求的个体，他们一般会根据生活实际和自身发展需要，对思想政治理论课的教学内容进行判断和选择"。只有在学生的需要被满足的情况下，学生的学习动力才会更强。例如，针对当前大学生普遍关注的就业问题，将就业观融入到思想政治教育的教学中，帮助学生树立正确的择业观，提高他们的学习热情。二是要把握好他们的心理特征；年轻人的思想很活跃，他们很容易接受新的东西，但也会对新的东西抱有一定的偏见。所以，要对学生的好奇心和知识不完全的心理进行充分的利用，引导他们去探索社会现象或者是新事物，从而提高他们的学习兴趣。

（二）显性教育与隐性教育相结合

"显性"教育就是在课堂上向学生传递主流文化、主流意识，这是一种以"显性"教育为主的教学方式。而潜移默化的教育则不同。它通常采用多种形式，如团队游戏、社会实践、演讲比赛等，老师并没有明确自己的教学目标，只是让学生在活动中进行学习。潜移默化的教育较为隐秘，能有效地避免学生在课堂上产生"厌学"心理，使学生认识到，学习马克思主义，是他们在日常生活、工作中的一项重要任务。通过学习历史、法学、哲学、伦理学、艺术学等方面的知识，提高学生自身的修养，提高学生对马克思主义的信念。在高校的思想政治教育课程中，包含了很多的理论知识。在教学过程中，老师们对理论知识也基本上是一种单向的灌输方式。另外，这些知识点与高中思想政治教育有较大的重合，如果教师不能与时俱进，及时地调整课程内容，就会使学生产生厌学情绪。要避免这种情况的发生，教育工作者要熟悉教学内容的基础知识，并与时事或案例联系起来，运用语言和文字，展现自己的个人魅力，让理论生动活泼，激发学生的学习兴趣。与此同时，在开展思想政治教育的时候，老师们要理解隐性教育的真正含义，要善于运用隐性教育这一种教学方式，也就是把思想政治教育渗透到专业课程和综合课程的教学之中，运用微博、微信公众号、传统媒体和校园文化等手段，把思想政治教育与大学生们的日常生活融合在一起。

（三）创新思想政治教育的方法

随着微信、微博等新媒体的不断发展，为思想政治教育提供了一个不断前进的机会。因此，在大学里，要把握好这个机会，将新媒体技术运用到自己的身上，将现代教学方式引进来，对传统的教学方式进行革新，对其进行改进并对其进行创新，将传统的由老师主导教学过程、学生被动听课的教学方式转变成将学生放在课堂的中心位置，并指导学生进行积极的学习，从而达到对学生进行自我教育的目的。学生通识"引导到实际智慧的道路上去，但问题在于什么是最好的教导方式，来引导他和把他带得多远"。运用启发式和引导式教学，让学生在探索中，激发其思维和思考，使大学生由被动学习到主动学习。

（四）传承人文精神，应对功利主义挑战

随着高校扩招，在校大学生人数越来越多，大学生就业压力越来越大。为了获得满意的工作，他们更多地关注自身的职业技能。然而，理想与现实的差距很大，很多人在面对现实的时候，往往会选择妥协，有的人只为眼前的利益，而做出非理性的行为，最终导致了自己的短视行为损害了长远的发展。在这样的背景下，高校学生又该建立一个什么样的价值观，才能避免短视的功利思想？

在此基础上，我们要继续发扬人文主义，迎接功利性的挑战。校园文化是一所大学所具有的最大特点，它是一所大学的精神支柱，它是一所大学所独有的一种精神环境和一种文化氛围，它能引领着学生们在某种程度上形成正确的思想道德行为。比如，学生们每天都能看到的学校建筑、雕塑、格言，这些都会慢慢地对学生们的行为产生影响，在长期的影响下，学生们的思维方式也会产生巨大的变化：他们要重视第二课堂的教育功能，充分运用各种文体活动、校园文化或社会实践活动等，在不知不觉中，让学生们在文化、道德、审美等方面的素养得到提高，从而让他们的整体素质得到提高。高校的校园文化建设应从以下方面入手。

1. 健康乐观的校园文化氛围

高校的校园文化，是教师和学生共同认可的价值观念、道德认知和理想，是师生共同的精神文化。校园文化是一所大学的文化基础和特色，当学生们毕业之后，一些东西会渐渐淡去，但是，他们不会忘却他们的精神和意志。高校校园文化是一种源远流长的文化形式。把马列主义、毛泽东思想、邓小平理论、"三个代表"重要思想、科学发展观和中国特色的新时代社会主义思想作为高校思想政

治教育的指导，必须在继承和发扬传统的前提下，坚持与时俱进，勇于创新。不断汲取中华优秀文化，不断汲取外来文化精华，寻找被教师和学生都认可的精神，并与学校的具体情况相结合，将校园中的各种要素相融合，从而构成一种具有鲜明特色的校园文化，创造出一种积极向上的人文环境。

2. 舒适协调的校园环境

外在环境与个人的情感状况有很大的关系，作为学生最主要的生活场所，学校对他们的身心健康有很大的影响，一个美观、精心设计的校园环境能使他们的身心得到很好的满足。校园环境是影响学生学习成绩的重要因素，美丽的校园不仅能让人身心愉悦，而且还能提升人们的审美能力。校园环境是由外在的建筑、湖泊、雕塑等客观的物质以及校园的历史传统、时代精神等无形的文化构成的，它不仅可以体现出一个学校的外在面貌，还可以体现出一个学校独特的气质。宿舍、教学楼、食堂、图书馆等要合理的设计，合理的布局，合理的布置校园文化墙、英语角等人文景观，使一个校园有一种不同于其他学校的精神气质。要充分运用微信公众号、微博、电视、校园电台、校园广播等媒体，对校园文化进行全方位的宣传，为学生和老师创造一个良好的学习环境，让校园文化在校园中绽放出灿烂的花朵。

3. 丰富多彩的第二课堂

大学里的体育活动、社会实践、心理辅导等活动，是对课堂教学的一种补充和扩展，是大学生走向社会的一种重要途径，也是大学生走向社会的"第二课堂"。开展文化、体育、社会实践、心理辅导等多种形式的社会实践活动，开阔了大学生的视野，提升了大学生的综合素质。要积极引导、经常鼓励学生参与到实际工作中去，并重视对学生积极的价值观念和人文精神的培养。在第二课堂中，将爱国精神、民族精神、创造精神和集体精神融合起来，让学生在现实生活中的感悟、体会得到更多的东西，并在与他人的互动过程中，让他们的思想道德素养得到不断的提升，从而让他们更好地适应社会的能力得到提升。

4. 科学合理的校园制度

制度作为一种硬性的道德准则，它是学校稳定和完成学校使命的保障，对学校德育起到了推动作用。一个科学合理的学校制度应该是师生双方都能接受，师生双方都乐于为此而努力的学校制度。科学合理的学校管理制度，是规范师生行为的重要途径。在学校建设中应遵循公平、自由的原则，与学生的身体发展规律相一致。把正确的管理与人性化的关怀相统一，广泛征求师生的意见，接受师生的监督，奖罚公平，使师生能够做到自我约束，自觉遵守，从而建立起一套科

学、理性的校园制度，提高了学校治理的科学性。

（五）传递核心价值观，应对多元化价值冲击

1. 对大学生宣传正能量，树立"四个自信"

要加强对学生的核心价值观念的培养，要对党和国家的重大政策进行坚定的拥护，要坚定地树立"四个自信"。在经济全球化、信息化的趋势下，西方各国对我国的思想、文化的渗透不断加快，在此背景下，我们必须对此保持高度的警觉，坚决抵制"价值观教育中立论""意识形态淡化论"等错误的观点，进一步加强对社会主义核心价值理念的培养，使其在高校学生心目中的地位更加稳固。

2. 建立有中国特色的社会主义教育体系，拓展高校思想政治教育的培养目标

作为一个社会主义国家，在高校的思想政治教育工作中，要始终坚持社会主义的价值取向。对高校毕业生进行思想政治教育，必须树立正确的导向，既要使他们自身全面发展，又要使他们与社会的发展融为一体。要培育出一批具有良好的政治素养的杰出人才，高校应在日常的思想政治教育中，坚持以马克思主义为导向，做到活学活用，与时俱进，以中国特色的社会主义思想对大学生进行教育，激励大学生认识到自己在社会主义建设中的位置，激发大学生强烈的使命感和责任感，树立起身为社会主义接班人的荣誉感和自豪感。在大学里，要始终保持思想政治教育的正确方向，就是要始终高举社会主义的旗帜，具体来说，就是要做到以下几点：一是要充分利用马克思主义在大学里的领导地位；二是要在思想政治教育中，将我们的共同理想与社会主义的富强、民主、文明、和谐统一起来；三是要大力弘扬爱国主义、勇于开拓的优良传统；；四是大力宣传和推广社会主义的核心价值观。要使学生对中国的社会制度、文化底蕴、发展道路、社会价值等都有足够的信心，使他们能把自己的生活道路与中华民族的伟大复兴紧密地联系在一起，从而使他们的人格发展与社会的和谐发展紧密地联系在一起。思想政治工作是一种深入到高校学生心灵深处、增强他们道德、正义意识的有效途径。在今后的大学生教育工作中，必须要增强我们的认识，使我们的思想政治教育职能得到有效的发挥，改变过去只重视科技发展而忽视意识形态的片面做法，认真地审视、总结近年来的通识教学，吸取经验教训，扬长避短。对以往工作中取得的经验和教训进行总结，对今后的发展规划进行改进，构建出一套与我国实际情况相适应的、具有科学性的教育体制，对教育规律进行正确的把握，提升教育的实效性，让教育跟上时代的步伐。

3. 将社会主义核心价值观教育融入学生学习生活，不断创新方法

社会主义核心价值的培育与实践，既是一项"灵魂工程"，也是一项"民心工程"。高校要循序渐进、积极探索、完善机制、科学规划、扎实推进、全面跟进、内化于心、外化于行，知行合一。坚持以"立德树人"为中心，从理论、舆论、文化、实践、制度等方面，把社会主义核心价值理念融入教育教学的各个方面，让它变成教师和学生的一种精神追求，并变成他们的一种自觉行为。积极地去实践，去探索。运用微党课、学生讲党课等多种方式，开发出一系列的网络课程，并将其运用到网络上，发挥其在宣传方面的作用，使学生能够在任何时候，都能够积极践行社会主义核心价值观。

（六）加强高素质的高校思想政治教育队伍建设

老师是学生最直接的榜样，一位好的老师不仅能够极大地激发学生的求知欲，而且能够帮助他们树立崇高的信念，增强他们的自信。一位优秀的教师能够充分激发学生的学习积极性，从而提高其学习效率。一个教师的综合素质越高，他对学生的影响也越大。因此，思想政治教育工作者的素质对于营造大学良好的学术氛围，提高学生的文化素养有着不容忽视的促进作用。与此同时，思想政治教育工作人员的素质也在一定程度上对学校思想政治教育创新的效果产生影响。

1. 高校思想政治教育队伍的素质要求

身为一名教育者，不仅要有扎实的理论功底，而且要有较高的教学技巧，要有一个持续更新的知识库，做好思想政治教育工作。

一是教师的品德，也就是教师的思想品德。在教育教学中，教师要有自己的优良品德，以影响和引导学生。"不守规矩，不听命令。"如果老师自身道德堕落，就不可能培养出具有较高思想道德素质的学生，更不可能引导学生做出符合道德的行为。在这一方面，高校学生必须树立良好的榜样，对自身提出更高的要求。

二是智力水平。因为思想政治教育工作的特殊性，要求思想政治教育者不仅要精通自己所学学科领域的知识，还应涉猎更多其他学科的知识。大学生并非活在一张白纸上，他们的想法必须要经过良好的思想工作才能得到满足，这就对思想政治教育人员的素质提出了更高的要求。要用讲历史、解读时事、批评错误理论等方法来做好学生的思想政治工作。教师要多读书，多思考，要与时俱进，要在实际工作中不断学习，要在实际工作中不断积累经验，只有如此，才能保证思想政治工作的顺利开展。

三是人才的质量。要使高校思想政治工作顺利进行，必须具备较高的专业素

质。交流艺术、教学研究水平、同情心、协调能力和总结反思能力是思想政治理论课教师专业能力的重要组成部分。这种品质除了与自身的禀赋有关外，还离不开老师的后天努力与积累。尤其是在新的时代背景下，高校思想政治工作者要勤学勤思，将个人学习和单位培训相结合，不断提升自身素质，做好高校学生的思想政治工作。

2. 高校思想政治教育的队伍建设

只要有一个对的方向，一切都会顺利的多。做好大学教育，就是做好大学生的思想教育，在高校德育工作中，高校德育工作者发挥了重要作用。因此，要建立一支优秀的队伍。具体来说，就是第一个选择，第二个培养，第三个考核。第一个选择指的是发现人才的过程，要坚持公开、公正、公平的选拔机制，挑选出师风纯、师德高、业务能力强的优秀同志，建设一支精兵强将的思想政治工作队伍。第二个培养是一种再教育，也就是继续教育。目前，所有的学科都在飞速发展，并在不断地进行着知识的更新。唯有崇敬、渴望、尊敬，才能使我们的知识得到充实。要在干中学、学中干、多接触、多实践，不断提升自己的专业素质。总而言之，我们应该虚怀若谷，继续努力提高自己。第三个考核就是要对一支思想政治教育工作者的队伍进行评估，要构建一套科学的评估体系，使评估的内容更加充实，制定出一套合理的评估指标，用评估来调动思想政治教育工作者的工作热情，将评估当作一种更好地发现人才的手段，并将其做为下一步培养的指导方针，用评估来提升整个团队的整体实力。

第三节　大学生职前教育

在大学三、四年级之后，他们将面对毕业、找工作的问题。对于将来的工作，他们既有期待，也有困惑，怎样才能更好地选择自己将来的工作，是他们最为关注的问题。大学生的现实状况、心理趋势，应从大学生的现实出发，努力培养大学生的专业素质，培养大学生走向社会、为社会服务的能力。

一、毕业季学生特点

(一)情绪不稳定，思想趋于成熟

在即将毕业的时候，同学们对经济生活和社会政治中的时事和热门话题有了更多的了解，他们更倾向于把自己和社会的关系连接在一起，将就业和社会的需求相结合，尤其是对与自己有关的问题，比如升学、入党、恋爱、就业等，都给予了足够的重视，并期望能得到令人满意的答案。但有的时候，一些学生没有处理好事情，就会感到挫败或者迷茫，情绪出现了比较大的起伏；有些人埋怨社会，埋怨别人，结果引起了学生间的冲突，甚至还会发生事故。在经历了大学生活的磨练之后，毕业班的学生们拥有了更强的自我意识，对周围的事物有自己的看法，相较于入学时的懵懂，他们的思想趋向成熟。

（二）学生外出实习，管理难度增大

由于顶岗实习、毕业实习和找工作的需求，大多数的学生都会在校外租房子，而这些房子的位置比较分散，这在一定程度上加大了学校对他们进行管理的难度。各高校应针对不同的学生，采取不同的方式，保障毕业生在校园内外的人身安全，使其保持一个健康的心态，并指导其在离开校园时，做到文明、安全。

（三）就业压力大，学生感到迷茫

随着人们生活水平的不断提高，大学生视野不断开阔，素质不断提高。在面临就业及个人前景的时候，他们删除考虑问题变得更加全面，会根据自身的实际状况，对社会其他因素的发展变化进行思考。通过对就业指导课程的广泛展开，大多数的大学生都可以对自己的情感和心理进行自我调节，对自己的学习生活进行合理的规划，努力做到学习和找工作两不误。但是，一些同学在学习过程中，也会产生紧张、担心和焦虑的心理。随着时代的进步，就业岗位的选择越来越细致，大学生面对越来越多的"诱惑"，在就业的过程中，他们往往会产生一种惶恐、不知所措的感觉。

二、毕业季育人存在的主要问题

（一）理想信念和道德观念相对淡化但有较强的进取精神和竞争意识

一些大学生求职中出现了投机现象，如虚报学业成绩、在推荐信中造假、虚报取得的荣誉证书等，这就反映出一些同学的诚信观念不够牢固；一些同学出现了严重的失信、违约的情况，对校园的名誉造成了很大的冲击，对其他同学的求职造成了很大的影响。还有一些同学，为了得到一份好的工作，还会对别人进行排挤、攻击，这种情况下，"自我"的问题尤为明显。这一方面说明了一些学生的

道德观念不强，另一方面也说明了学生接受挑战、参与竞争的意识有所加强，他们穿梭于各种人才市场，不断地在网络上投出自己的简历，对自己进行精心的包装，将自己介绍给公司。

(二)心理和情绪波动较大，心理承受能力和自制力较差

大多数毕业生，由于找不到一份稳定的工作，对自己的未来感到害怕，感觉到了现实的残酷。在求职过程中，由于面临着巨大的竞争，就会感到很多不公正，使得很多人感到烦躁、沮丧、不知所措。与此同时，由于大学生到了结婚的年纪，父母催着他们结婚成家的呼声也越来越高，也给学生造成了较大的心理压力和情绪上的剧烈波动。大学生经验不足，无法对所面对的各种问题有一个全面的了解，当这些复杂的事情累积起来，由于不能得到及时的宣泄，他们很容易出现紧张、沮丧、胆怯、自卑、焦虑、冷漠等心理问题。也有一些毕业生，他们的心理承受能力和自我控制力比较差，会选择酗酒、通宵打牌、寻衅滋事等方式来宣泄自己的不满和情绪。

(三)注重自我价值实现，但责任意识和纪律观念相对淡化

大多数学生把进入高校学习、接受高等教育作为一种自我提升。经过十几年的努力，特别是在大学里的这段时间里，大学生都希望自己的全面素质得到提高，并在一定程度上得到充分的发挥，从而实现自己的价值。然而，部分学生忽略了社会的发展需求，忽略了人民的利益，在谈到自我价值实现时，过于注重个人的利益，患得患失，仅仅注重了自我价值的实现。在选择工作的时候，学生们对工作的期望值太高，他们会和同龄人进行比较，他们会过分追求大城市、高工资、高待遇，却不愿深入基层，不愿为国家所需。另外，有些毕业生缺乏组织性和纪律性，经常旷课，不参加学校活动。

三、毕业季育人的对策

(一)理想信念教育隐性化

理想信念教育要根据理想信念生成规律和学生成长规律，用学生听得懂、听了信的生动语言、朴实话语来讲授，将理想信念的资源转化为学生的思想共识、精神信仰和行动智慧，让他们从感性认知到理性认同，再到内心坚信，再到自觉实践。要认识到各种社会思潮、文化观念对自己的理想信念教育所带来的新的挑

战，要对大学生的心理特点和思想变化的规律有一个清晰的认识，对党员干部关注的政治、经济、文化、社会、生态文明，党的建设的热点问题展开深入研究。弄清问题的根源，认识其发展的阶段特征，凝聚更多的正能量。要注重交互性、实践性、隐变性的教育，充分利用好理想信念教育资源，开展案例的研发，使理想信念教育案例的科学化、合理化，精心设计各个教学环节，增强理想信念教育的针对性。

（二）就业指导与思想教育结合

当前，我国高校毕业生面临的是一个日益复杂的社会，学校要提高对毕业生的了解，了解学生的就业现状，就要重视高校毕业生的就业指导，做好高校毕业生的就业工作。更要把学生在求职中遇到的较为突出的问题，纳入他们的日常思想政治工作中，使他们有足够的心理准备。通过对大学生进行思想政治教育，可以提高大学生的心理承受力、适应环境等方面的素质。高校毕业生的就业指导工作与思想政治教育相互融合，相互促进思想政治教育是就业指导工作的内容，就业指导是思想政治教育的方向。

1. 坚持大众教育与差异教育结合

大众教育是指为解决广大大学生在择业过程中所面临的普遍性问题而开展的一种指导性教育，通常采取"老师授课，学生学习"的方式。然而，由于每个人都有自己的特征，并且每一个学生的想法都不一样，所以，在开展思想政治教育和就业指导的时候，不能完全使用大众教育，要根据不同的对象，采取差异化的教育方式，对学生展开适当的引导，做到因材施教。

2. 专题教育与常规教育结合

专题教育是一项立足于社会需要，立足于当前的就业形势，注重培养学生的职业、择业观念的教育。而一般的教育包括课堂教学和实践活动中的就业教育。学生可以在课堂学习中，或在参加文体活动、校园活动中，提高自己的素质及能力，从而在将来的就业道路上多一份自信和从容。要把"专题教育"和"常规教育"有机地结合起来，才能更好地促进大学生的就业。

3. 实践教育与榜样教育结合

在实践教育过程中，应使学生充分了解自身的优点与不足，使他们能更好地了解自身，把握自身发展的方向。在现实生活中，运用好的品德、模范的事例，对学生进行思想理念、道德修养等方面的指导，即"榜样教育"。事例教学法是一种非常传统而有效的教学方式。要将实践教育与榜样教育相结合，运用生活中的人物、实际中的事例，在就业指导中进行思想政治教育，提高教育的感染力和说服力。

4. 家庭、学校、社会教育结合

家长是子女的第一位教师，家庭是子女的第一个学校，在子女的成长过程中，家庭起着举足轻重的作用。社会是一个人成长的基础，是一个人成长的必要条件。学校是连接家庭和社会的纽带，大学教育工作人员应密切联系父母，加强与用人单位的交流，使三方合力，共同促进大学生的成长。

（三）多种形式的职业道德教育

职业教育要采取各种形式，以寓教于乐的方式，使职业教育成为一种更好的方法。比如，开设"道德课堂"，选取"职业道德"的专题进行培训。高校应根据学生所需要的学习内容，根据其自身的特性，采用多方面的教学方法，使其真正成为一名合格的人才。

（四）充分利用网络进行心理健康教育

互联网已渗透到高校学生的生活当中，并深刻地影响着他们的思想与行为。学生的学习和生活已经离不开网络。如何利用网络对高校学生进行有效的思想政治工作，已成为高校学生工作中亟待解决的问题。

大学的心理健康教育者应理解互联网的传播规律，并学会如何设计和生产互联网信息，编写出与大学生相适应的、有针对性的信息，使大学生能够接受正确的、健康的信息，以适应大学生的心理健康需求，从而使其能够更好地发展，并使其树立正确的择业观。例如，在学生们离校前，在网上平台上对其进行心理测验，以便及时地了解其心理状况。此外，也可以利用微信公众号，调节大学生的就业心态，使其能够更好地适应工作。利用 QQ 群即时沟通，了解学生的心理状况，并给予适当的引导。

（五）利用毕业生离校活动开展情感教育

古人云："感人心者，莫先乎情"，高校毕业生离校教育，要关注学生的情感，将情感教育摆在首位。为了更全面、更客观地把握学生情感特征，就需要对其进行深入的调查，更好地掌握毕业生离开学校后的心理特点和行为特点，并能对毕业生离开学校后的心理状况做出相应的调整，以减少毕业生离开学校后可能出现的安全隐患。具体来说，可以从以下几个方面展开情感教育。

第一，身为学生管理人员，我们平时工作时都是一本正经，以建立自己的权威，让同学们觉得老师并不是很好相处。作为高校思想教育工作者，树立威信是十分必要的，但这种威信更适合在校生。当学生毕业后，教师应给予学生更多的关怀，更多的接近学生，让学生感受到教师的关怀。加强与毕业生之间的感情沟通，积极主动地关心和照顾同学。如果能直呼每个毕业生的名字，并记得他们的工作城市、工作单位，就会打动他们的心灵，拉近与他们的关系，有助于教师与学生更深入的交流。

第二，要通过电话回访、座谈会、个人谈心、实地走访、问卷调查，了解大学生的生活、工作、学习、思想等方面的情况，有问题要及时处理，有不能处理的，要向上级汇报，并做出相应的安排。在感情交流与感情教育中，毕业生可以感觉到学校与老师对他们的关怀，进而产生深厚的感情。在师生感情的互动中得到了学生的信任，以感情交流促进感情教育，进而增强了学生对自身的关怀。

第三，通过多种方式的结业离校活动，促进学生与学生的感情。举办一场毕业欢送晚会，将感恩、关爱、迎接挑战等元素融合在一起，让毕业生们感受到学校的关爱；举办一场"食堂送温暖"活动，给同学们发一张学校食堂的餐票，让同学们在回忆的同时，也能感受到老师的关怀；开展遵守校规校纪的主题活动，加深学生对学校的各项制度的要求和规定的理解，对违反校规校纪的行为进行严厉的处罚，使学生真正融入社会，树立遵纪守法的意识。此外，也可以让毕业生参加"学长学姐对你说"的录影活动，向学生传达他们的学习感受，增进他们和学生之间的感情；对大学生进行还款相关知识的培训，做好大学生的还款工作，向他们介绍有关的政策、法规和还款期限，为他们提供生活上的便利；收集毕业生对学校的看法和建议，为学校的发展贡献力量；为他们提供就业指导，使他们在找工作时有个心理上的准备，这样才能在工作中得到及时的帮助。最主要的是要培养学生的"知恩图报"，知恩图报，使学生更有责任心，诚实是学生将来生存的基础。同时，它也能增进大学生对校园的情感，拉近他们与同学和学生的距离。情感教育是除学科知识教育之外，对思想政治教育的一种升华，它给毕业生们留下了一段美好的大学时光，为毕业生们留下了美好的回忆，也为在校生们树立了良好的榜样，有助于他们在将来的求职生涯中学会感恩，学会合作诚信，树立健全的发展人格。

参考文献

[1]张杏，周开银，王海霞，等．新时代高校网络协同育人长效机制构建[J]．速读，2022(10)：75-77.

[2]杨晓庆．基于"三全育人"理念的高校心理育人实践[J]．学校党建与思想教育，2021(10)：46-48.

[3]张艳国，凌日飞．论新时代高校思想政治教育铸魂育人的理论意蕴与实践路径——学习习近平关于高校思想政治教育的重要论述[J]．社会主义研究，2019(4)：17-24.

[4]杨吉措．新时代高校心理育人一体化建设研究[D]．甘肃：兰州大学，2022.

[5]李沐曦．新时代高校"三全育人"理论与实践研究[D]．吉林：吉林大学，2022.

[6]陈铭．传统文化元素在视觉传达专业教育中的研究——以三全育人背景的发展理论与实践为例[J]．绿色包装，2023(5)：64-67.

[7]冯萍．新时代高校"三全育人"综合改革现状及创新路径[J]．学校党建与思想教育，2022(15)：77-79.

[8]吴玉程．新时代高校落实"三全育人"的理论与实践探究[J]．中国高等教育，2018(13)：35-37.

[9]宋家本．建党以来高校育人方式发展的历史沿革、理论基础与实践逻辑[J]．决策与信息，2022(8)：89-96.

[10]李学伟．践行立德树人根本任务：理论与实践[J]．北京联合大学学报（人文社会科学版），2021，19(1)：1-10.

[11]柏晓娅，王峰，张耀东．基于马克思主义思想政治教育环境论的新时代高校"三全育人"的理论与实践[J]．佳木斯职业学院学报，2020，36(6)：3-4.

[12]荀振芳．中国话语的高校"三全育人"：理论认识与实践思考[J]．华北电力大学学报（社会科学版），2020(5)：123-131.

[13]王小伟，高玲．新时代视域下"四史"教育融入民办高校思政课的路径研

究[J]. 经济师，2023(3)：157-159.

[14]张文强. 新时代构建高校思想政治教育协同机制研究[J]. 国家教育行政学院学报，2019(12)：75-80，89.

[15]梁秀秀. 理论性与实践性相统一：深刻把握高校思政理论课的价值意蕴[J]. 潍坊工程职业学院学报，2020，33(5)：15-19，35.

[16]李志刚，刘卫新.《节水灌溉理论与技术》课程中的思政教育探索与实践[J]. 科学咨询，2020(31)：74-75.

[17]王妙. 浅析高职教育中的三全育人新模式[J]. 吉林省教育学院学报，2022，38(8)：52-55.

[18]马明，徐斌. 新时代高校思想政治理论课教学模式探索——以天津大学"概论"课"授课小组制"改革为例[J]. 思想政治教育研究，2022，38（2）：121-124.

[19]廖金香. 新时代高校思想政治工作的现实进路——学习习近平总书记关于高校思想政治工作的重要论述[J]. 辽宁省交通高等专科学校学报，2022，24（2）：43-46.

[20]徐文璐. 新时代高校三全育人功能审视及其实践路径研究[J]. 科学咨询，2022(19)：9-11.

[21]李玉倩. 新时代高校思想政治"三全育人"实践路径分析[J]. 湖北开放职业学院学报，2020，33(17)：68-69.

[22]付平. 论新时代高校"三全育人"德育模式及其运行机制[J]. 创新创业理论研究与实践，2020，3(12)：125-126.

[23]宗晓蕾，汤龙升. 新时代高校组织育人的载体创新研究——以大学生讲习所为例[J]. 蚌埠学院学报，2022，11(3)：90-93.

[24]陈潘，陈士良. 新时代高校"三全育人"改革探索：问题与路径[J]. 黑龙江教育(理论与实践)，2021(2)：6-8.

[25]王一，林彬. 全面发展视域下新时代高校立德树人创新路径[J]. 高教学刊，2020(8)：29-31.

[26]卜路平，周晓峰. 新时代高校"三全育人"的研究进路与改革展望[J]. 周口师范学院学报，2021，38(2)：95-99.

[27]贾云贺. 新时代高校"三全育人"模式建设路径研究[J]. 中外交流，2021，28(4)：33.

[28]陆观荣. 新时代高校思想政治工作学术研讨会会议综述[J]. 山西青年，

2019(10)：121，123.

[29]李越．论新时代高校思政教育与创新创业教育的融合发展——基于"三全育人"视域[J]．文教资料，2021(10)：128-129.

[30]唐雁．新时代高校辅导员思想政治教育工作有效性研究[J]．沈阳农业大学学报(社会科学版)，2022，24(5)：589-593.

[31]陈心见，张英，黄晨旭．新时代高校思想政治教育与艺术教育融合机制探析[J]．艺术科技，2020，33(22)：39-40.

[32]徐福帅，党高飞．基于新时代青年理论的高校研究型人才培养与思想教育策略研究[J]．产业与科技论坛，2020，19(7)：189-191.

[33]马玉婕．新时代高校德育话语的建构逻辑与路径[J]．中国高等教育，2022(17)：39-41.

[34]钟军，王雁，朱怀谦．新时代高校科研育人的运行机理及实现路径探究[J]．创新创业理论研究与实践，2020，3(13)：122-124.

[35]张丰，谢平．新时代社会文化表征与高校意识形态工作的实践进路[J]．南京邮电大学学报(社会科学版)，2021，23(6)：45-54.

[36]宋传盛．新时代高校资助育人的现实意义与实践路径[J]．盐城师范学院学报(人文社会科学版)，2020，40(4)：112-118.

[37]宋传盛．新时代高校资助育人的价值意蕴与实践进路[J]．高校辅导员学刊，2020，12(6)：52-57.

[38]李红军．提升新时代大学生思政课获得感的策略研究[J]．学校党建与思想教育，2021(22)：55-57.

[39]李永睿，谈传生．高校"三全育人"的生成逻辑、现实审视与完善路径[J]．当代教育论坛，2023(1)：93-99.

[40]杨栋．新时代高校思政课程的改革方向与创新原则[J]．华北水利水电大学学报(社会科学版)，2019，35(5)：60-65.

[41]刘钊熠．"三全育人"视域下加强高校劳动教育的实践路径[J]．黑龙江教师发展学院学报，2023，42(1)：6-8.

[42]朱娥．"三全育人"引领高校思政教育的实践策略[J]．才智，2023(19)：85-88.

[43]孙凌涛，陈艳，王俊，等．"三全育人"理念下的大学生职业规划与就业指导[J]．人才资源开发，2023(12)：26-28.

[44]陈晓洋．课程思政融入高校《大学体育》课程的理论研究与实践[J]．网羽

世界，2021(34)：49-50.

[45]周伟辉．中国式现代化的思想政治教育意蕴[J]．高校辅导员，2023(3)：3-6，39.

[46]魏芳．新时代会计学课程思政教学改革研究[J]．现代职业教育，2023(16)：149-152.

[47]林宵，马婷婷．习近平法治思想融入高校思政课教学研究[J]．四川职业技术学院学报，2023，33(3)：61-67.

[48]李建珍．"课程思政"理念下手术室护理学的教学改革与实践[J]．中国继续医学教育，2023，15(3)：9-12.

[49]刘书红．新时代高校"大思政课"实现路径研究[D]．长江大学，2022.

[50]邱雅娴，郭芷君．课程思政视域下公安院校专业课程建设路径探析[J]．山西警察学院学报，2023，31(2)：117-122.

[51]万宏辉．新时代高校思政工作感染力提升路径研究[D]．江西：江西财经大学，2022.

[52]张杏，周开银，王海霞，等．新时代高校网络协同育人长效机制构建[J]．速读，2022(10)：75-77.